谷口郁美 Ikumi Taniguchi
永田 祐 Yu Nagata

越境する地域福祉実践

―滋賀

実践センターの挑戦―

全国社会福祉協議会

ブックデザイン　株式会社ビー・ツー・ベアーズ
掲載写真『えにし白書』より転載

刊行にあたって

滋賀の縁《えにし》創造実践センター（以下、「縁センター」）は、「滋賀に暮らす一人ひとり、誰もが、『おめでとう』と誕生を祝福され、『ありがとう』と看取られるまで、ふだんのくらしのしあわせ（ふくし）が豊かに感じられる社会を創りたい」と結成された団体です。

滋賀県は、糸賀一雄氏ら社会福祉の先達者の志や実践をふまえ、福祉活動が展開されてきた地域ですが、社会的孤立や生活困窮の問題が広がっていることに対し、あらためて糸賀氏の言葉「自覚者が責任者」のもと、滋賀県内の民間社会福祉関係者を中心とする有志が集まりました。

この本に著されている、その志と、志を生かす仕組みが注目です。一方、一つひとつの事業の発想、課題解決の道についても注目してほしいと思います。

書名である「越境する実践」のさす「境界」とは、介護職と相談援助職との境界、福祉分野のなかの組織と組織の境界、福祉分野とまちづくり、農業・観光といった福祉分野以外との境界をさすといいます。そして、そもそも社会福祉実践とは、「暮らしの全体をとらえる」のだから、境界を越えるのは当たり前としながらも、その実践力が弱っているのだから、あえて、「越境」と言うのだという、関係者に向けての強いメッセージとなっています。

このような観点に立って、縁センターの多様な越境する協働実践を紹介し、また、越境するために必要な条件を明らかにしています。

活動内容は、①制度で対応できないニーズに対する支援の開発と実践、②県内各地で相談・生活支援に取り組む支援者の支援、③県内各地域におけるトータルサポートのための協働の仕組みづくり・トータルサポートの好事例の普遍化、の三つがあげられています。

そして、生み出してきた具体的な事業は、①フリースペース（特別養護老人ホーム等を活用した支援を必要とする子どもの夜の居場所）、②ハローわくわく仕事体験・児童養護施設等で暮らす子どもたちの社会への架け橋づくり事業、③ひきこもりの人と家族の支援、④傍楽《はたらく》体験（働きづらさを抱える人のための小さな働く場）、⑤医療的ケアの必要な重度障害児者の入浴支援、⑥遊べる・学べる淡海《おうみ》子ども食堂です。

その成果もさることながら、どのように考えて事業を組み立てていったのかが、わかりやすく記されています。

その具体的な実践プロセスは、会員が「制度のはざま」にある課題をもち込み、分野を越えて課題の共有化を図り、課題解決のために現行制度の枠にとらわれない支援策の企画立案を行うというステップを踏みます。まず、課題の明確化を行いますが、そのための「気づきシート」の使用など、具体的な手順、事業実施に至るまでの流れが紹介されています。

滋賀県社会福祉協議会は、参画者の一員であると同時に、スタッフを配置し、事務局を担っています。職員は「縁の下の力持ち」との表現で終わるかと思っていたら、県社協職員がいかにコミュニティワーカーとして育っていったかが記されているのも興味深いところです。そして市町社協を含めて、社協が「地域福祉の事務局」であることの確信が伝わってきます。

なお、この縁センターは、五年間の有期の活動であり、法人格なき社団という現在の組織での活動は二〇一八（平成三十）年度末を終期としています。しかし、もちろんここにあげられた活動が終わるのではなく、滋賀の地で続いていくことになりますし、縁センターの活動自身も、理念、実践の形を継承発展させていきたいとのことです。今後の滋賀の「縁」の発展した姿を楽しみにしましょう。

二〇一八年一月　全国社会福祉協議会地域福祉部

目次

終　章　越境する地域福祉実践と社協

序章 越境する地域福祉実践への招待

はじめに

本書のねらいは、滋賀の縁《えにし》創造実践センター（以下、「縁センター」とします。）の実践を「越境する実践」ととらえ、その挑戦を知っていただくことで、「困っている人を真ん中においた」福祉の実践を創造していく方法を示し、越境する協働実践に読者を招待することです。

具体的な実践を紹介する前に、序章では以下のようなことをお伝えします。

- 本書のタイトルにもある「越境」に込めた意味と、越境する協働実践の定義を示します。
- さまざまな問題の根っこにある社会的孤立が深刻化している背景とともに、「制度のはざま」や複雑な課題を抱えた世帯の問題といった「越境する協働実践」を必要とする問題が生み出されていることを説明します。
- 実際に越境する実践を進めていくために必要な「弱さの強さ」という視点を紹介し、「課題」と「思い」の出会う場が必要なことを示します。
- こうした場は、誰かがつくってくれるのを待つのではなく、「気づいた人」がつくっていく必要があることを説明します。

1 「越境」と「協働実践」

「越境する地域福祉実践」とは奇妙なタイトルに聞こえるかもしれません。「越境」というのは、文字通り「境界」を越えることですが、ここでいう境界には次にあげるようなさまざまな境界を想定しています。

まず、同じ組織内に境界があります（例えば、介護職と相談援助職の境界や「課」と「課」との間の境界）。次に、同じ分野のなかでも組織と組織の境界があり（例えば、高齢者施設同士の境界）、そして、福祉分野のなかの境界（例えば、高齢者・障害者・児童などの分野に属する組織や人との間にある境界）があるでしょう。さらに、視野を広げると、福祉分野と医療などの関連領域やまちづくり、農業、観光といった福祉以外の分野との境界があります。

最近では一見福祉とは関係がないように思えるこうした領域との間での協働実践が重視されるようになっています。例えば、農福連携は、人手不足で困っている農業と地域での雇用の場の確保に困っている福祉の連携を示す概念ですが、これも境界を越えた協働実践の一例といってよいでしょう。いずれにしても、境界とは「境」があることです。必要な「境」もあるかもしれませんが、本書を通じて伝えたいことは、この「境」を越えた協働が創造する新しい実践の可能性と希望です。

考えてみれば、「暮らしの全体をとらえる」という社会福祉実践の営みからすれば、そもそも境界を越えることは当たり前かもしれません。地域における一人ひとりの困りごとから出発するのであれば、福祉の分野はもとより、その人の暮らしの全体が視野に入らなければならないはずです。ですから、そもそも社会福祉や地域福祉の実践は境界を越える実践でなければならないのです。私たちが、あえて「越境」をタイトルにつけたのは、こうした境界を越えるという社会福祉の実践の力が弱くなってきているのではないか、これを取り戻すことが新しい希望につながり、福祉にかかわる人たちをもう一度元気にできるのではないかと考えたからです。

一方、越境というと、何か大変そうだというイメージをもつ人もいるかもしれません。特に、福祉の現場で仕事をしていると、「毎日忙しく、自分の仕事で精一杯だ」と考えている人も少なくないと思います。本書で伝えたいのは、「福祉の専門職ならもっともっと頑張らなければならない」という単純な根性論ではありません。また、「あなた一人が頑張れば現実が変わるのだ」というスーパーマン育成論でもありません。もちろん、頑張れるなら頑張ったほうがいいし、一人で変えることができる現実もあるかもしれません。

ですが、本書で伝えたいのは、人と人、組織と組織、アイディアとアイディアがつながることで拓かれる創造的な協働実践の可能性です。社会福祉の実践は、困っている人を放っておけないという「思い」から出発していることを前提とすれば、今必要なのは、この思いと思いがつながって展開される境界を越えた協働実践の取り組みではないかと思うのです。

ところで、協働とは、「対等者間活動の組織化を進めようとする意図」に基づいて「目指す目標が共有されている」ことを前提に「それぞれが活動資源を出し合い、必要に応じて行動を調整し合うこと」であり、「自立した活動主体間の協調・協力」と定義されています。[1] 本書では、さまざまな境界を越えて行われるこのような実践を「越境する協働実践」とよぶことにします。

2 地域福祉

本書のもう一つのキーワードは、地域福祉です。地域福祉を定義することは簡単ではありませんが、地域福祉は、おおまかにいうと三つのこだわりに基づいた考え方であり実践であると言えます。一つは、困っている人を真ん中において、課題に気づいた自覚者が実践をつくっていくことを大切にすること、もう一つは、その人の暮らしや関係を大切にしたケアやかかわりを大切にしていくこと、そして、問題が起きてからではなくて、予防的なかかわりや地域づくりを大切にしていくということです(2)。

また、地域福祉は、こうしたこだわりを大切にした「分野を横断する」考え方であり、実践です。社会福祉の共通的基本事項を定めた社会福祉法は、地域福祉の推進が、社会福祉の全分野における共通の目的であることを規定しています（第一条）。つまり、地域福祉という「分野」があるのではなく、住民であろうが、NPO、企業、社会福祉法人であろうが、三つのこだわりに基づいて進められる実践が地域福祉実践なのです。

本書では、このような「こだわり」に基づいた越境する協働実践を「越境する地域福祉実践」と言います。

3　個人化する社会と社会的孤立

もちろん、越境する実践が必要なのは、今のままでは解決できない課題があるからです。これまでのやり方に問題がないなら、また、一人や一機関が頑張って問題が解決するのであれば、あえて越境して問題解決の方法を探る必要もありません。私たちが困っている（というよりは、私たちがともに歩もうとしている人たちが困っている）課題は何でしょうか。さまざまな課題があると思いますが、ここでは社会的孤立の問題からこのことを考えてみたいと思います。今起きているさまざまな課題の根っこには、この社会的孤立という現象の広がりがあると考えられるからです。

社会的孤立が広がっている背景には、社会の個人化が進んでいることが要因として考えられます。通常、私たちは、何か困ったことがあっても、自分自身だけでなく、家族や地域社会の力をかりて対処しています。また、日本では企業も一つの共同体として大きな役割を果たしてきました。日本型雇用慣行とよばれる終身雇用と年功序列制賃金で守られた労働者は、それに伴うさまざまな問題が生み出されたことも事実ですが、とりあえずは長期的な展望と将来はよくなっていくという希望をもつことができました。

しかしながら、こうした中間集団とよばれる私たちと社会をつなぐはずの共同体の力は、次第に弱くなっています。以前は、夫婦と未婚の子どもからなる世帯を「標準世帯」とよんでいましたが、世帯の三分の一が単身世帯となった現状では、どちらが「標準」なのかわからなくなりました。地域のつながりが希薄化していることは、私たちの皮膚感覚だけでなく各種調査からも明らかになっています。さらに、よく知られているように、非正規雇用者が増加して、特に若年層でこの割合が増加していることが指摘されています。

こうなってくると、これまで頼りになってきた共同体と「うまくつながれない人」がたくさん出てくることになります。家族を頼りにできず、雇用とうまくつながれない人は、住む場所や日々の暮らしもままならなくなるかもしれません。こうした人たちは、地域社会ともつながれていないことが多いといわれています。困ったときに頼れる人がいないだけでなく、普段から誰ともかかわりをもつ人がいないという社会的孤立の問題は、高齢者だけでなく、中高年や若年層にも拡大しています。

しかしながら、日本型の雇用慣行を前提にした日本の社会福祉は、稼働年齢層を社会福祉の対象とは考えず、高齢者・障害者・児童といったカテゴリー別の支援の仕組みとして発展してきたために、社会的孤立の問題にうまく対応できません。専門職も、法や制度の拡大とともに、基本的にはその枠組みのなかでサービスの提供や実践に取り組んできたことから、こうした課題が「制度のはざま」として顕在化するようになってきたのです。

実際、家族や地域、そして雇用とうまくつながれない人の問題は、さまざまな形で現れています。例えば、高齢者と未婚の孤立無業の子どもからなる世帯の問題が８０５０問題[3]としてクローズアップされていますが、これはすでに支援が必要になりつつある、またはすでに必要になっている家族同士がかろうじてつながっている世帯の問題と言えます。「高齢者福祉」のカテゴリーでは、親への支援はできても、世帯全体を支えていくことは「境界の外側」となってしまう可能性があります。このように、世帯内で課題が複合化するという事象は、カテゴリー別の制度に基づいた社会福祉にとっては、支援困難事例として認識されることになります。

もちろん、「制度のはざま」の問題が生み出される要因は、社会的孤立の広がりだけではありません。そもそも、社会福祉の制度は、社会的に改善が必要だと認められた問題に対応するものなので、実際に実践者や当事者が改善の必要性を感じても、制度として認められるためには時間がかかったり、制度ができたとしても、その枠のなかからこぼれ落ちていく課題が残されてしまったりすることになるからです。社会的孤立の問題は、こうした課題をよりいっそう深刻にしたり、見えにくくしたりすると考えられます。

4 福祉実践者の課題

「制度のはざま」の問題は、さまざまなつながりから人が排除され個人化する社会の進展と、それに対応できない社会福祉制度の問題として深刻化していることをみてきました。

一方、「制度のはざま」の問題の原因は、新しい課題である社会的孤立に制度が対応できていないことだけではありませんでした。平野方紹は、社会福祉機関・組織（及びその実践者）の「非福祉現業化」も「制度のはざま」の問題を生み出している要因だと指摘しています。[4] 非福祉現業化とは、つまるところ社会福祉機関や組織が、制度の枠でしか問題をとらえることができず、本来使えるはずの制度につなぐことができなかったり、相談者をすっかりあきらめの気持ちにさせてしまったりすることをさしています。

以上のように、「制度のはざま」は現実の変化に対応できない制度とそれを前提にした支援しかできない実践者によって生み出されると説明されることになります。ただ、筆者は後者の実践者の問題は、もう少し違った見方もできると思っています。つまり、みんな喜んで自分たちの仕事はここまでだと仕事の境界をつくっているわけではないと思うのです。多くの実践者は、「何とかしたい」と感じても、現実にはさまざまな要因から、どうすることもできずに課題に蓋《ふた》をしてしまった経験があるかと思います。「何とかしたいと思ってもそれに蓋をしなければならない」という経験は、「困っている人のために何かしたい」と思って仕事についた人にとって大きなストレスになります。なかには、こうしたことが積み重なって残念ながら福祉の現場を去ることになる人もいるかもしれません。繰り返しになりますが、本書では、これを根性論で解決するのではなく、越境するさまざまな協働実践によって解決への道筋を見出していく希望を伝えていきたいと思っています。

5 課題と思いが出会う場をつくる

「制度のはざま」の問題や複雑な課題を抱えた世帯の問題は、一人の専門職や一組織では解決できないものばかりです。今は「四六時中勤務[5]」することはできないし、自らの生活を犠牲にして実践に取り組むという「根性論」だけでは、逆に多くの人と協働することはできず、実践が孤立してしまうように思います。

そこで、「弱さの強さ」という言葉に注目してみたいと思います。これは、金子郁容がボランティアの行動原理を表すために用いた言葉ですが[6]、簡単に言えば、「自分が何でもできる（しなければならない）」と考えるのではなく、「こんなことで困っている」ということを他者に開いていく態度のことです。私たちが「何とかしたい」と考えている課題をなんでも私たちだけで解決するのではなく、それを開いていくことで、「一歩を踏み出す志」をもっている人とつながれる可能性が生まれます。もちろん、この段階ではあくまで可能性で、解決できなくて困っている思いと一歩を踏み出そうとする志が出会わなければ、協働実践は生まれません。

こうしたさまざまな「思い」が、肝心のふさわしい相手と出会うことができないとすれば、それはとても残念なことではないでしょうか。狭い範囲で仕事をしていると、出会いの機会を失ってしまいます。最初から「ここまでが自分の範囲」と決めてしまうと（つまり、あらかじめ自分の境界を定めてしまうと）自分が発信するメッセージも他者からのメッセージも届く範囲が狭くなってしまいます。

では、こうした思いと志の出会いの場、もう少し厳密にいえば、課題を共有していく場をどのようにつくっていけばよいのでしょうか。

多くの社会福祉実践者は一生懸命仕事をしています。そのなかで、いろいろな課題に気づきながら、自分たちの実践が依拠する組織や制度だけでは解決できずにもどかしい思いをしていることが多いはずです。しかし、その思いは日々の忙しさとか、組織の方針とか、あきらめとかそういったことで蓋をされてしまう。こうした思いに蓋をしないで、課題を共有できる場をつくることが協働実践の第一歩になるはずです。逆にいえば、課題の共有ができなければ、協働実践は進みません。当たり前のことですが、私たちは知らないことには一生懸命になれないからです。「知ったからには、見なかったことにはできない」[7]。そうであるから、自分にできることをしたいと私たちの心は動くのだと思います。

実は、こうした場の必要性に国も気づいていて、制度として法律で位置づけられるようになっています。高齢者の分野でいえば地域ケア会議、障害者の分野では地域自立支援協議会、児童の分野では要保護児童対策地域協議会などが法制化されています。最近では、介護保険制度の地域支援事業の生活支援体制整備事業に位置づけられた「協議体」などもこうした場として構想されているといえます。しかし、皆さんの地域ではこうした場が「実践者が感じている課題に蓋をしないで、課題を共有できる場」となっているでしょうか。おそらくあまりなっていないのではないかと思います。その要因はいくつかあると思いますが、一つには、こうした場をつくる人が、法律で決まっているからつくらなければならないと考えて、その意義に気づいていないということがあるように思います。こうなるとせっかくの場が形式的なものになってしまい、課題の共有につながりません。嫌々集められた人のなかから新しい協働実践が生まれることはないでしょう。もう一つの要因は、それぞれの場がそれぞれの「分野」に関係のある人だけで構成されているので、課題の共有ができてもその範囲が狭すぎて解決に向けた協働実践につながらないからではないかと考えられます。届くべき人に思いが届かない課題共有の場になってしまっているということです。

6 民間の役割と力

「思い」をもった人が課題を共有し、新しい協働実践をつくり出していくためには、そういう思い（志と言ってもよいかもしれません）が出会う場が必要だと述べました。何でもそうだと思いますが、顔も見ないで互いの思いに共感したり、心が動かされたりするなどということは一般的にはありませんから、そういう場が必要になるのです。しかし、現実にはこうした場があまり機能していないのではないかということも述べました。では、あらためて誰がどのようにこうした場づくりを進めていけばよいのでしょうか。いろいろな思いが共感し合い、新しい協働実践の芽につなげていくようなコーディネートを誰が行うのでしょうか。さらに、そのための資金はどうすればよいのでしょうか。

残念ですが、社会福祉の世界では、ここで「行政」という答えが返ってきやすい環境があります。必要なことを伝え、「予算をつけてくれるのであればやる」という姿勢です。

確かに、行政がやらなければならないことは山ほどあって、そのなかでやっていないことも山ほどあるので、それを要求し、変えていくことは必要です。ただ、民間やボランティアの役割は、「必要ならまずやってみる」というところにあったはずです。

どうしてこうなってしまったのでしょうか。これには日本の社会福祉の歴史が関係しているように思います。詳しくは述べませんが、日本の社会福祉が長いこと依拠してきた措置制度という仕組みは、この民間性を発揮することが難しい制度でした。この制度は、本来行政が公的責任として行うべき「措置」を民間に委託して実施するという制度なので、こうした制度のもとでは民間社会福祉に本来の自主性や自発性が求められませんでした。施設であれば、利用者はすべて行政が連れて来て、その費用も行政が支払ってくれるという制度です（厳密にいえば、応能負担なので利用者も支払います）。

神奈川県にある横須賀基督教社会館という隣保館で、自ら地域とともにさまざまな活動に長年取り組んできた阿部志郎は、この制度によって本来民間であるはずの社会福祉法人が行政の仕事を代替したり、補完したりする機能しかもち得なくなってしまったこと、自主性を喪《うしな》って下請け化してしまっていることを指摘していました。(8) もちろん、横須賀基督教社会館の実践を含めて、すべての社会福祉法人がこのような状況にあったわけではありません。しかし、「必要だから自分たちがつくる」というよりは、「行政が必要だと決めたことをやる」という姿勢になりがちになってしまったことは否定できないと思われます。社会福祉基礎構造改革によって措置制度の多くは廃止されましたが、社会福祉法人はそれによって民間性を取り戻すことができたでしょうか。社会福祉法人改革で「地域に貢献することが社会福祉法人の本来の役割」と法律で規定されて初めて何をするか考え始めるのだとすれば、従来の姿勢が抜け切れていないのかもしれません。

もう一つは、社会福祉協議会の問題です。その名前のとおり、社会福祉協議会には、地域の社会福祉関係者の「協議会」として、住民をはじめさまざまな民間の社会福祉に関する活動を行っている人や組織が結集し、福祉の問題を話し合うテーブルをつくる役割があります。では、実際に社会福祉協議会はこの役割を果たすことができているのでしょうか。筆者は、社会福祉協議会が今後このような役割を果たしていくためには、「主体と内容の拡大」が必要だと考えています。つまり、社会福祉協議会は、地域福祉をともに進める仲間（主体）を狭く捉えすぎてきたのではないか、また、その内容も当初から限定されすぎているのではないかという課題提起です。いずれにしても、さまざまな境界を横断して、福祉に関係する人や組織の「協議会」として活動できていると自信をもって言える社会福祉協議会はそれほど多くないと思われます。

私たちは、越境する協働実践をつくり出していくためには、課題に気づいた人たち（自覚者）がこうした場（テーブル）づくりをしていくことが重要だと考えています。もちろん、これには今ある場を工夫して有効に活用していくことも含まれます。また、行政の力が不必要だと考えているわけでもありません。ただ、行政が場をつくるのを待つのではなく、必要なものは必要だと感じた者がつくり、そこに行政を引っ張り出してくると考える必要があると思っています。

7 本書の内容

以上のようなことをふまえて、本書では、縁センターの取り組みから、多様な越境する協働実践を進めていくために必要な条件について明らかにしたいと思っています。特に、社会的孤立やそこから派生するさまざまな困難や課題に直面した実践者たちが、「思いや志が出会う場」と、民間主導の創造的な協働実践をどのようにつくり出してきたのかを紹介したいと思います。

最近では、国も「我が事・丸ごと地域共生社会」というコンセプトを打ち出し、全世代全対象型の包括的支援体制の構築を今後の社会福祉の基本的な考え方として明示するようになりました。「我が事」は住民の主体的な課題解決活動、「丸ごと」は専門職の包括的な支援体制と説明されています。そして、地域共生社会は誰もが自分らしく役割をもって活躍できる社会であるとされています。つまり、これからの社会福祉には、地域と専門職の協働、専門職同士の協働に加え、地域共生社会をつくるということでいえば、福祉を越えたさまざまな領域との協働が必要になっているということです。もちろん、本書はこうした分野を横断した地域と専門職、専門職同士、そして福祉以外のさまざまな領域と協働した地域共生社会づくりのヒントになりうる内容だと思いますが、一つだけ注意してほしいことがあります。それは、縁センターの取り組みは、行政のおぜん立てで始まった取り組みでも、法律や制度ができたから始まった取り組みでもないということです。「言われなくてもやる」人たちが始めた取り組みで、そこにこそ多くの学ぶべきヒントが隠されているように思います。

では、次章以降で縁センターの創造実践の現場の取り組みを紹介していきます。第1章では、縁センターの設立の背景や経緯、取り組みの進め方について説明します。第2章では、越境する地域福祉実践の実際の展開を縁センターの五つのモデル事業とリーディング事業を中心に解説します。第3章では、縁センターの存在意義とこれからの挑戦への意気込みを、活動を担っているリーダーが語ります。第4章では、こうした実践をふまえ、越境する地域福祉実践を進めるために必要な条件を考察し、終章で、縁センターの取り組みを契機に変わり、変わろうとする社協と社協ワーカーの今後について展望し、本書を手に取ってくださった方へのエールで締めくくります(9)。

《引用参考文献》

(1) 大森彌「行政民間協働論の射程」大森彌編著『地域福祉と自治体行政』ぎょうせい、二〇〇二年、二二一頁。
(2) 例えば、岡村重夫は、これを①地域組織化、②コミュニティケア、③予防的福祉とよんで、地域福祉を構成する要件であるとしています(岡村重夫『地域福祉論』光生館、一九七四年)。
(3) 主に八十歳代の親と五十歳代の子が困窮し、世帯ごと孤立するケースが8050問題とよばれるようになりました。独居者に比べて緊急性が低いと誤解されがちで、制度につながりにくい事例が多く、「制度のはざま」

の典型的な事例として紹介されるようになりました。

(4) 平野は、「制度のはざま」の問題を「問題／ニードを抱えた対象者が、その問題解決／ニード充足に必要な手段・方法や資源がなく、要支援状態のままにおかれている状態」と定義し、このような福祉機関・組織の非現業化をその要因の一つとして指摘しています（平野方紹「支援の『狭間』をめぐる社会福祉の課題と論点」『社会福祉研究』第一二二号、一九～二八頁、二〇一五年）。

(5) 本書に何度も登場する糸賀一雄らが一九四六（昭和二十一）年に設立した近江学園の設立趣意書に示された「近江学園三条件」の一つ。ほかの二つは、「窮乏生活」と「不断の研究」。戦後の困難な状況のなかで糸賀らが理想を追い求めながら学園を設立・運営してきたことを表しています。なお、糸賀一雄（一九一四〔大正三〕年～一九六八〔昭和四十三〕年）は、上記の近江学園や一九六三（昭和三十八）年に設立した重度心身障害児施設びわこ学園での実践活動を基盤に「この子らを世の光に」や「発達保障」思想といったさまざまな思想や理念を打ち出し、障害者福祉だけでなく日本の社会福祉に大きな影響を与えた実践家。

(6) 金子郁容『ボランティア　もう一つの情報社会』岩波新書、一九九二年。

(7) 大阪で子どものシェルター「ぬくっとハウス」を開設した弁護士、森本志摩子さんの言葉（『月刊福祉』第九九巻第四号、全国社会福祉協議会、二〇一六年）。

(8) 阿部志郎「公私社会事業の関係」『季刊社会保障研究』第六巻第二号、二～一一頁、社会保障研究所、一九七〇年。

(9) なお、本書は、平成二十七年度三菱財団社会福祉事業・研究助成金「支援困難事例に対応する研修プログラムと組織間連携による支援方法の開発」（研究代表者 永田 祐）の助成をいただいて縁センターと行った研究成果の一部を発展させたものです。「越境する地域福祉実践」という本書の主題は、この取り組みの過程から見えてきたコンセプトで、実験的な取り組みを応援してくださった三菱財団に記して感謝申しあげます。

第1章 滋賀の縁創造実践センターとは?

はじめに

滋賀の縁創造実践センターは、二〇一四（平成二十六）年九月に発足した民間社会福祉関係者を中心とする会員制の任意団体です。会員は多様で、児童・保育・高齢の施設協議会や社会福祉法人、介護保険や障害福祉の民間福祉施設・事業所、専門職の職能団体、そして、当事者団体、社会福祉協議会（以下、社協）、民生委員児童委員協議会、老人クラブ連合会、医療福祉連携団体、さらには企業の社会貢献ネットワーク組織、滋賀県レイカディア大学（高齢者世代の地域活動リーダーを育成する県域の学校）のボランティアネットワーク組織等が参画しています。おおよそ九万人の県民が何かしらの形で参画していることになります（滋賀県の総人口は二〇一七〔平成二十九〕年七月一日現在で約一四一万二千人）。

会員の要件はいたって明解で、縁センターが設立の趣意としている〝滋賀に暮らす一人ひとり、誰もが、「おめでとう」と誕生を祝福され、「ありがとう」と看取られるまで、ふだんのくらしのしあわせ（ふくし）が豊かに感じられる社会を創りたい〟という思いに共感し、知的障害者福祉の父とよばれる糸賀一雄の実践の思想である「自覚者が責任者」との志を同じくする人びとや団体が会員となっています。志を同じくする福祉関係者らが寄り添い合って、生きづらさを抱えながら支援につながっていない人びと、「制度のはざま」にあるため支援が得られない人びとのニーズに対応する支援をつくって届け、何よりも社会とつながっていない人びとの縁《えにし》を紡ぎなおし、「おめでとうからありがとうまで」を実現していくことが縁センターの活動です。

センター設立の発起人会からわずか半年でフル回転の活動を始めることになった縁センターは、設立時に会員からの拠出金（会費）や県からの交付金等で約一億円という基金をつくりました。これがここから先の活動資金となるわけですが、志と会費、そして誰が活動を企画し、担うのかということをうやむやにせず、はっきりとさせることが設立のプロセスにおいて大変重要でした。なぜ重要だったのか、私たちのコミュニティワークを振り返りながら整理をしていきます。おそらく、ここに、縁センターが一体何者なのかがあるはずです。

滋賀の縁《えにし》創造実践センター 設立趣意書

1．設立趣意

今、滋賀の福祉にかかわる私たちには、糸賀一雄らが福祉や社会の未来のためにつないでくれた“バトン”があります。バトンにつめられた思想と実践と希望。私たちは、民間福祉の実践者として、「自覚者が責任者」との思いをあらためて共有・共感しました。

私たちの問題意識は、2025年問題といわれる少子高齢化への不安とともに、重なり合う生活課題を抱えながら支援につながらない人々、制度の狭間にあるため支援が得られない人々等、社会的孤立や生活困窮の問題が広がっていることです。私たちは、この問題を見過さず、滋賀に暮らす一人ひとり、だれもが、「おめでとう」と誕生を祝福され、「ありがとう」と看取られるまで、ふだんのくらしのしあわせ（ふくし）がもてる社会をつくりたいと考えます。

このため、民間福祉関係者が枠を超えてつながり、地域住民とともに社会とつながっていない人々の縁を紡ぎなおし、生き生きと地域のなかで暮らせるよう支援するしくみと実践を県下にくまなくつくっていくための推進母体として、「滋賀の縁創造実践センター」を設立します。

このセンターの取り組みは、いわば福祉の新しい手法へのチャレンジであるとともに、滋賀の新しい福祉文化をつくり、発信していくものであります。多くの方々のご賛同、ご参画をお願い申しあげます。

2．センターがめざすもの

（1）トータルサポートの福祉システム化
（2）制度の充実と制度外サービスへの取り組み
（3）縁《えにし》・支えあいの県民運動

3．活動内容

本センターは、上記の設立趣意を踏まえ、次の活動を行います。

（1）制度で対応ができないニーズに対する支援の開発と実践
（2）県内各地で相談・生活支援に取り組む支援者の支援
（3）県内各地域におけるトータルサポートのための協働のしくみづくり・トータルサポートの好事例の普遍化

滋賀の縁創造実践センターの団体会員（22団体）
（抜粋/平成29年３月31日現在）

一般財団法人 滋賀県民間社会福祉事業職員共済会
一般財団法人 滋賀県老人クラブ連合会
一般社団法人 滋賀県介護福祉士会
一般社団法人 滋賀県保育協議会
公益財団法人 滋賀県身体障害者福祉協会
公益社団法人 滋賀県社会福祉士会
公益社団法人 滋賀県手をつなぐ育成会
滋賀県介護サービス事業者協議会連合会
滋賀県介護支援専門員連絡協議会
滋賀県里親連合会
滋賀県児童福祉入所施設協議会
滋賀県社会福祉法人経営者協議会
滋賀県障害者自立支援協議会
滋賀県民生委員児童委員協議会連合会
滋賀県老人福祉施設協議会
滋賀県市町社会福祉協議会会長会
社会福祉法人 滋賀県視覚障害者福祉協会
社会福祉法人 滋賀県母子福祉のぞみ会
医療福祉・在宅看取りの地域創造会議
レイカディアえにしの会
滋賀県救護施設協議会
淡海フィランソロピーネット

（法人会員、個人会員、賛助会員については省略）

1 縁センター設立前夜

設立のきっかけとなった課題の認識

ちょうど生活困窮者自立支援制度創設に向けた国の動きが明確になってきた二〇一三（平成二十五）年夏頃、滋賀県社協では、次年度の福祉予算に向けた要望、施策提案のための委員会「滋賀県地域福祉施策検討委員会」が例年どおりのスケジュールで動き出しました。この年は糸賀一雄の生誕一〇〇年を記念する行事が始まった年でもありました。

この委員会は、県内の高齢・障害・児童・保育分野の施設協議会の代表、当事者団体の代表、職能団体の代表及び地域福祉分野として社会福祉協議会と民生委員児童委員協議会の代表で構成されており、「施策検討」の名称のとおり、民間福祉の関係者が分野と立場を越えて集まり、滋賀の福祉を検討提案する役割を有していました。しかし、振り返ると、この委員会の議論は十年以上にわたり同じような展開を繰り返してきていました。

まず、団体ごとに予算要望、施策提案したいことがありますのでその提案等を持ち寄り、福祉人材の確保や権利擁護など共通する課題については柱を立てて一本化しますが、詳細は各々の団体から独自の提案をするというものでした。過去十年の間に何度かは分野を越えた提言部会をつくり調査研究を行い、政策提案をしてきましたが、それも大きくは発展せず、事務局を担当している県社協ワーカーも、団体ごと、分野ごとの提案等を整理し、一つの施策提案書として編集すること以上の働きはできていないのが実情でした。

委員会ではたびたび、民間福祉関係者のトップが一堂に会し滋賀の福祉をテーマに協議ができるこの場をもっと有効に活用し、福祉課題解決のための大きな動きをつくれないかという投げかけがあり、「トータルサポート」の仕組みづくりやそれを促進する事業を描き、県に対して提案をしてきました。このときの議論には、福祉従事者の確保困難への危機感とともに、彼らの仕事のスタイルが制度のなかで福祉サービスを提供することしかなく、「制度にないことはできない」という考え方が普通になってしまっているのではないかと憂う声もありました。委員会のメンバーである民間福祉関係者の間では、このまま滋賀の福祉を弱体化させてはならないとの思いは強くありましたが、県への提案にとどまり、そのための対策に主体的に協力して取り組むことにはなりませんでした。

二〇一三（平成二十五）年の委員会は、生活困窮者自立支援制度の創設や子どもの貧困対策に関する大綱など、社会的孤立と生活困窮への対策の強化、包括化へと国の政策が動くなかでの施策検討でした。社会的養護の子どもたちの問題や、障害のある人とその家族の権利擁護等にかかわってきた福祉関係者からは、これまで社会的孤立や生活困窮などの深刻な状況を打ち破る包括的な対策の必要性を訴えてきたが、福祉関係者全体の問題として関心がもたれることはなかったという発言があり、今こそ、滋賀の福祉関係者共通の課題として社会的孤立や生活困窮に対して何らかの取り組みにつなげたいと提案されました。「これまでと同様に県に提案を行い、結果として施策とならなかったら自分たち自身では何もせず、このまま終わるということを繰り返していてよいのでしょうか」という問いかけもありました。

「とは言うものの何ができるのか」。これも正直な気持ちでした。

ポスト糸賀—今までになかったスタイルをつくる

「施策検討と提案」を繰り返してきたこれまでの委員会から、何がきっかけで縁センターの構想が生まれることになったのか。糸賀一雄生誕一〇〇年の年、そこには「自覚者が責任者」という糸賀一雄の実践の言葉がありました。

「目の前にいる子どもや障害のある人びとの課題を自覚しているのに、また何もせず終わってよいのか」という思いをもつ児童福祉の現場リーダーの言葉、障害のある人の家族という当事者組織のリーダーの言葉に、事務局である県社協の担当職員は、「今こそ事務局として働きかけをするときではないのか」という思いを強くし、それぞれのめざす方向が重なり合ってきました。この現場実践者の思いを聴いた県社協理事者は、「この滋賀で、制度で人を分断しないトータルサポートの仕組みを児童から高齢までの民間福祉関係者が協力してつくろうではないか。制度がないからできないとあきらめず、目の前の一人の不幸を見逃さない実践をしようではないか」と決断し、現場実践者と理事者自身の志、そしてそれを実現するための形を、委員会に提案することになったのです。

提案は、民間福祉関係者が会員となってつくる主体的な組織にするということ、そして実践に要する費用も自らが拠出し、これから取り組む事業のための基金を創設しようというものでした。「行政が予算をつけてくれないから必要とされている支援ができません」ということにしないために、皆で資金も持ち寄ろうということです。金も出し、人も出す。会費を出し、活動も会員自らが企画し、実践する組織をつくろうというこの方向性に対して、「よしわかった。やろう」という気持ちをもった委員よりも、「本当にできるのだろうか。本当にするのだろうか」という気持ちの委員のほうが多かったのではないかと思われます。何と言っても基金の目標は一億円であり、民間福祉関係者が力を合わせ、主体的に実際の事業をするというが、スローガンにしたことがあっても実際に取り組んだことはなかったのですから。

県社協も自らが自覚者として行動するため、参画者の一員として三千万円を基金に拠出すること、さらにはスタッフを配置し事務局をしっかりと担うことを理事会に上程することになり、緊急理事会を開催しました。理事会では全員賛成でこれからの道筋が決まり、施設を経営する社会福祉法人の理事や当事者団体の理事から、県社協の姿勢について、「自分たち民間福祉とともに実践する県社協になってきた」という発言があったことを忘れられません。県社協理事者自ら、求めがあれば関係団体の理事会の場に出向き、思いを伝え、志を同じくする仲間として協働をよびかけました。

その後、予想されたことではありますが、「趣旨は理解するが、それは行政や社協がすべきことではないか。なぜ私たちがお金を出す必要があるのか」「行政や社協が予算をつけてするなら事業には協力する」という声、「内部留保金など資金的にゆとりのある高齢分野の法人はお金を出せるだろうが、障害分野は常にぎりぎりで運営しているのでそれは無理です」という声も一部から出てきました。

民間がリードして制度がないところに実践をつくり、行政とともに必要性を実証しながら関係者が実践を積み重ねてきたそのうえに今日の制度や施策があるのに、今の自分たちは「行政がやるなら協力する」という姿勢なのでしょうか。しかし、このような議論に時間を費やしている場合ではありませんし、その必要もありません。私たちの目の前には、現に生きづらさを抱えながら支援が届いていない人たちがあり、このままでは貧困の連鎖に苦しむことになるおそれのある子どもたちがいるのです。

今までにない組織のあり方のもう一つの特徴は、事業の企画実施の主体にありました。縁センターの活動は会員が主体的につくり出すという実践スタイルを取ることにしました。事務局が立てた事業計画に会員事業所が協力するスタイルではありません。よって、事業計画に沿った予算書というものは当初存在せず、そこには「現場の課題として出された児童の問題、障害者の問題、重なる困難を抱える家族の問題に対して必要な取り組みをします」という宣言があるのみでした。「具体的な事業計画と予算書もない組織に会費を出してまで参画できようか」という声も届きました。民間福祉もすっかり予算主義になってしまったのかと嘆きつつも、志を同じくする人たちと共に、「誰のために、何のために」をしっかりともって縁センターをつくろう。

こうして、縁センターの構想は二〇一三（平成二十五）年度内に組織の準備をして、翌年度には活動を開始することになりました。

「自覚者が責任者」を活動のスタイルに

二〇一四(平成二十六)年の秋、縁センターの設立直後、初めて理事と企画小委員会リーダーの合同会議を開催しました。会議の冒頭、縁センターのめざす方向性を確認したうえで代表理事はリーダーに対して次のような話をしました。「現場からの課題提起に対して必要な活動を一つでも企画し実践しようと集まった小委員会です。自覚者が実践者として、どんどん活動を進めてください。企画と予算の執行の権限はリーダーに委ねます」と。

一人の小委員会リーダーがそれに対してこう言いました。「そこまで責任をもたされても困ります。出なさいと言われて企画員になっていますが、私には本業があります」。

〈滋賀の縁創造実践センター設立までの歩み〉

2013年10月	滋賀県地域福祉施策検討委員会から県知事・県議会に「誕生前（おめでとう）から看取り（ありがとう）まで、地域で暮らすことを支える仕組みづくりと実践」の提案書提出
2014年 2月3日	地域福祉施策検討委員会において縁センター設立に向けた協議。12団体が発起人となる。
2月13日	設立趣意書による関係団体等への参画呼び掛け開始
3月10日	設立発起人会
4月9日	設立準備会総会（54名参加）設立準備会理事会設置
4月16日	設立準備会と県が公私協働の連携協定締結
6月10日	企画員による企画会議開始
7月1日	シンボルマーク募集開始
7月15日	ニュースレター第1号発行
8月23日	「袖振れ合うも多生の縁♥浴衣で出会い・縁結び」開催
9月1日	縁センター正式発足。設立総会

これに対し代表理事は「そういうことならリーダーをやめてもらって結構です。出て行ってもらって構いません。私は、この縁センターという組織は何度も言いますが自覚者の集まりだと思っています。自ら動こうという人たちでやっていきたい。来るもの拒まず、去る者追わずです」と返したのでした。

そこから三年間、この発言をしたリーダーは、集まってきた小委員会メンバーの思いを集め、自分たちは誰のために何をするのかを現場の声をていねいに把握しながら企画し、実践を積み重ね、同じ志をもつ人たちとのつながりを広げ、本当に心強い同志として大きな存在となっています。福祉の仕事のもつ豊かな力に共感し、自ら行動する人の集まりが緑センターなのです。また、これだけの覚悟をもつリーダーとともに仕事をする県社協職員は、リーダーから、「県社協の職員は何のために小委員会に出ているんや？　私たち小委員会のメンバーはそれぞれの現場で目の前におられる人たちに支援をしていく責任を果たそうと必死なんやで。県社協の職員は何に責任をもつんや？　これからやっていくことが進んでいくように連絡調整したり、課題の整理をしたり、関係者がつながるよう場の設定をしたりということが事務局の仕事やろ。私らの指示がないと動かへんのやったら事務局はいらんで」と真剣な言葉をもらい、まさに叱咤激励のなかで育つことになりました。

どのリーダーも福祉の現場に立つ人です。やりきれなかったこと、ずっと何とかしたいと思いをもった人たちでした。新たな分野の人と出会い、知らなかったほかの分野の現場の課題を知り、何ができるだろうと考え始めたリーダーもいました。誰かに言われてとか、行政が予算をつけたからではなく、本当に必要だと考えたことを自分たちの金と人の力でやってみる。やってみたからこそわかったこと、そこに福祉の一番大事なことがありました。

それは糸賀一雄から学んだ実践のスタイルであり、今の福祉が求めている思想とシステムそのものなのだと気づきました。

分野横断の組織？ ネットワークはすでにあるやん？ 屋上屋ではないの？

設立当初の周囲からのさまざまな声のなかで典型的だった一つが、「どの分野にも組織を越えて課題解決に向かう協議会や連絡会があり、地域包括支援センターという横断的な役割をもつ相談支援の仕組みもある。さらに生活困窮者自立支援制度によって制度のはざまの人をしっかりと受け止める仕組みができるのに、なぜ大きな金をかけて、たいそうな組織をつくろうというのか」という意見でした。

それに対して、私たちは新たな相談支援機関をつくろうとしているのではなく、包括的な団体やネットワークをつくろうとしているのでもない。どれだけ制度が充実していっても、制度で対応できない問題やうまく制度につながらずに放っておかれている人びとがいます。その人にかかわっていくということと、何かの手立て（支援）を用意してそれを届ける（もしくはつなげる）ために、それができるやり方をつくろうとしたのです。新たな仕事のスタイルを実践を通して創造するということです（本当は新たなことではなくて、ずっとずっと以前はやることができていたことなのだろうと思っています）と答えてきました。そうするなかで、「困っている人に一つでも支援を届けるために福祉関係者同士が寄り添い合って、これまでできないとあきらめていたことをやってみよう。自覚者が責任者！何も一人で頑張らなくてもよいんや」。そんな言葉が前に進もうとしている人たちから聞こえてきました。

それって県社協の仕事と違うの？

縁センターの構想について多くの福祉関係者は、これはそもそも県社協が本来取り組むべき事業そのものではないのかと感じ、実際に言葉にした方もいました。施設を経営する社会福祉法人も当事者団体も、市町社協も同じことを感じていたのは事実です。しかし、縁センターの組織は法人格がないものの、会員が主体となって事業を企画し推進する社団法人的な組織を構想し、県社協の一部所ではなく独立した統治（ガバナンス）による団体としました。県社協は事務局です。繰り返しになりますが、活動はすべて会員が主体的に取り組むのであり、事務局主導、事務局組織ではないことが重要でした。「私たち施設関係者にとって、縁は本業ではない。なぜ責任をもつ必要があるのか」「社協の仕事とどこが違うのか。市町社協の現場でも混乱をきたすのではないか」という声があるなか、「自覚者が責任者」という姿勢は揺らぎませんでした。

そのようななかで、もともとから「自分たちで何とかしなければならない」という課題意識を明確にもっていた人たちもいました。それは社会的養護の関係者やひきこもりがちな人に向き合う障害福祉関係者でした。彼らは、県社協が縁センターの事務局として専属のスタッフ、つまりコミュニティワーカーを複数配置することを本当に喜び、この機会を逃してはならない、日々の業務はもちろんしんどいが、今こそ自分たちが頑張るときだと動き出しました。手をつなぐ育成会からは、「ついに県社協が県社協の役割を発揮してくれるんですね」という声が届きました。縁センターは県社協の一つの事業ではなく独立した任意団体であり、その事務局を県社協がもつということ。これが大変大きな意味をもっていたことには後々気づくことになります。県社協にとって縁センターの事務局という仕事は、県社協の存在の意味や値打ちを自覚する大変重要な活動だったのだと思います。もしかすると存在の意味を内部にも外部にも明確にできるラストチャンスだったのではないかとも感じています。

しかし当時、県社協のなかでの縁センターへの理解は高まっているとは言い難い状況でした。「自分たちはこれまでもネットワークづくりやトータルサポートの取り組みをやっているのに何を今頃、新しい組織をつくるのか」という声もあがっていました。組織を新しくつくるということや事業内容ばかりに目が向き、一番大切な実践のスタイルについて、何が今までと違うのかを考え、その活動に自ら入って一緒にやってみようというようにはなかなか進みませんでした。

しかしそんな内々のことで揺れていては「県社協って何のためにあるんや」とばっさりと信頼や信用を切られて終わりです。分野や立場を越えて福祉の課題を解決するために実践しようと民間福祉関係者が結集した組織の事務局です。県社協は事務局としての役割を果たせるだろうか、職員と組織の力量が問われる難しく大事な仕事であるということを身をもって知り、もがき苦しんでいたのは、実際に事務局に配属になった職員たちでした。

市町社協は縁センターをどう理解したか

県社協もそうですが、市町社協の間でも縁センターがやっていこうとしていることへの理解と共感が全面的に得られたわけではありません。すでに市町域で社会福祉施設との連絡組織をもっているので県域で組織をつくる必要性はないのではないかという意見、生活困窮者自立支援制度が始まるのだから「制度のはざま」の問題はそこで取り組んでいくとだろうという意見、市町社協も県社協も協議体なのになぜもう一つ同じような組織をつくるのか、という意見。これらは縁センターは福祉関係者による新たな協議体をつくるのではないか、という理解や疑問からきたものでした。もう一つの意見は、県社協は県域組織として市町社協の支援を強化していくことが重要な役割であるのに、県社協が支援の現場に直接かかわろうというのは役割としておかしいのではないか、というものでした。

縁センターは新たな協議体や連絡組織をつくることが目的ではなく、これまでできなかった福祉をするために有志で集まろうという団体です。会員も社会福祉法人だけではありません。そこに集まった社会福祉法人には市町社協の会員になっていたり、連絡会のメンバーやネットワーク会議のメンバーとして頑張っている方たちももちろんいましたが、分野によってはほとんど社協とつながりのない法人や団体、施設もありました。

私たちは、こうした方たちにこれまでのやり方で助けられなかった人、対応できなかった現場の困りごとに一つでも応えられる、支援を届けられる形を、実践を通してつくり、普遍化をめざすことが縁センター創設の意味であり、県内で志を同じくする方たちと分野を越えて寄り添い合い、一つでも実践をつくっていきたいと話しました。大切なのは人びとの暮らしの場である地域で分野を越えた協力の形ができ、実践が普遍化していくことです。そのためにも県全体で取り組む必要があり、そのための五年間なのだということを市町社協事務局長会議で共有し、その後も何度も繰り返し縁センターの意味や目的を口に出し、確認をしながらの出発でした。

縁センター誕生のきっかけとなった地域福祉施策検討委員会の議論で、検討メンバーだった市社協職員が、「かつては社協職員も施設職員もニーズに即してちょっとずつ手を伸ばしあって、はざまに落ちてしまう人を支援しようと動いていたけれど、やはりどんどん即応性や柔軟性が弱くなっていて、事業計画やマニュアルなどに書いてあることという枠内でしか動けない集団になってきている」と大事な発言をしてくれました。縁センターは県社協にとってはもちろん、市町社協職員にとっても仕事のスタイルを見直す大きなチャンスとなることを願いました。

2 五年間の有期の組織としてスタート

縁センターは設立当初からその活動期限を五年としました。その理由は、縁センター役員の言葉を借りると「戦略特区としての活動」という位置づけからです。縁センターは事業ありきではなく、目の前にいる人をどう支援していくか、問題をどう解決していくか。これまで何とかしたいと思っていてもできなかったことを形にしていく。このことをスピード感をもって実践していくための組織です。これまでできなかったことも、いったん形ができると、それは「縁センター」という一つの縦割りになっていくことも考えられます。私たちは滋賀に新たな縦割りをつくりたいのではなく、志に根差した新たな実践のスタイルを滋賀の福祉のスタンダードとして普遍化させていきたい。そのため五年と期限を切り、つくり出してきた形を今後どのようにしていくのか、何をどのような形で残していくのか、会員自身が答えを出すこととしました。

縁センターはこのようなもろもろの課題満載のなかで立ち上がり、疾走することになりました。

〈滋賀の縁創造実践センター　5年間の目標〉

1　縁・共生の場づくり（300か所）

2　課題解決のためのネットワークづくり（概ね福祉事務所単位：15か所）

3　制度だけで解決できない課題解決のためのモデル事業の企画と実施（15事業）

4　国や県、市町への施策提案（20の提案）

5　縁・支え合いの県民運動（新たに福祉のボランティア体験をする人1万人）

〈シンボルマークとピンバッジ〉

縁センターの設立にあたり、シンボルマークのデザインを募集しました。

1,157通もの応募のなかから最優秀賞に選ばれたこちらのデザインは、「みんなが仲良く助け合えることって、とてもいいなと思ってこの絵を描きました」というあたたかい想いが込められています。

みんながあたたかい毎日を送るために「まずは自分にできること」、一緒に考えてみませんか？　このピンバッジをつけている人は、みんな“縁”でつながる仲間です。みんなでこのたいせつなつながりの輪を広げていきましょう！

第2章

気づいた人たちによる「越境する地域福祉実践」

1 滋賀の縁創造実践センターの創造実践のプロセス

縁センターは二〇一四（平成二十六年）九月の設立以降、誰もが「おめでとう」と誕生を祝福され、「ありがとう」と看取られる地域をつくろうというビジョンのもとで、三つの方向性をもって事業を実施してきました。三つの方向性とは、①トータルサポートの福祉システム化、②制度の充実と制度外サービスへの取り組み、③縁・支え合いの県民運動です。

縁センターは会員や県行政等、協働する関係者からの浄財を元手として複数の事業を実施しています。一年間の事業規模は決算ベースで約五千万円です。これは事務局スタッフの人件費を除いた金額です。要支援家庭の子どもたちの居場所づくり、社会的養護の子どもたちの自立への架け橋づくり、制度支援につながっていないひきこもりがちな人と家族へのアウトリーチ型支援、制度による就労支援にはなじまない働きづらさを抱えた人の働く場づくり、医療的ケアを必要とする重度障害児者の入浴を地域で支える仕組みづくり、そして「遊べる・学べる淡海《おうみ》子ども食堂」の活動を通じた共生の地域づくり。これが縁センターの会員から生まれてきた主な事業です。

バラバラのようでバラバラでない、どれも、縁センターがめざしていることを現場で考えたらこういう取り組みが必要だという思いに至り、まずは自らが実践者としてやっていこうと企画が始まり、検討ばかりしていても誰も助けられないと、小さなプレ実施をし、形を何度も見直しながら事業内容や実施地域を広げて今日までできました。まさに「一点突破、全面展開」です。

この話だけではまるで会員が勝手に事業をしているかのように見えるかもしれません。縁センターから生まれた事業それぞれのエッセンスを紹介するまえに、縁センターの事業がつくられてきたプロセスを説明しておきます。

縁センターの実践プロセスは、会員が「制度のはざま」にある課題を持ち込み、分野を越えて課題の共有化を図り、課題解決のために現行制度の枠にとらわれない支援策の企画立案を行うというステップを踏みます。企画立案した事業はモデル事業として会員が主体となって実践を積み重ね、県内各地に波及させつつ、行政の後押しも得て普遍化をめざします。

まずは課題の明確化から

実践のためには、まず、誰が何に困っていて、何が必要なのかという課題の明確化が必要でした。縁センターの実践の根拠となる現場の課題のいくつかは前章で述べたセンター設立準備段階から明らかにされていましたが、それらも含め、改めて理事会や企画会議の場に各分野から「制度のはざま」となっている課題が持ち込まれました。理事会も企画会議も分野を越えて集まる場であること、また、縁センターというこれまでにない組織で「制度のはざま」に取り組むという使命感や責任感から、意見交換や協議を通して複眼的な見方、考え方が生まれ、各委員による現場の課題の捉え方が広がりとつながりをもち始めました。さすが現場で叩き上げられた福祉のプロと感じた瞬間でした。

加えて設立準備会に参加した各会員の現場からも六〇件を超える「気づきシート」が提出され、現場の支援者が「何とかしたいこと」が明らかになっていきました。

「気づきシート」とは

「気づきシート」とは、縁センターの発足にあたり、それぞれの現場で気づいている「制度だけでは支援できないニーズ」「利用者の家族なかにある支援ニーズ」「うまく制度につながらないニーズ」などの「気づき」を提供していただくためのツールとしてつくったものです。センターでそれらの問題・課題を整理、管理、分類を行ったうえで、事例によっては「滋賀の縁 ニュースレター」の「気づきシート版」で対応策などをコメントしたり、各福祉圏域や地域で事例検討を行い、それをベースに解決策構築の場をつくり多職種によるチーム会議を実践する、さらに各圏域で開催する多職種連携の技術や姿勢を磨くトレーニングの場である「滋賀の縁塾」の演習事例としたり、と多様な活用がなされています。初年次（二〇一四年）に提出された「気づきシート」（六三件）は、設立準備段階で開催した企画員全体会議で、縁センターの会員として参画した研究者や社会福祉士会の協力のもと、事例の分類や活かし方について検討を行いました。

これら現場からの「気づき」は、モデル事業等の企画立案を行う課題別の企画小委員会のなかで、ニーズに対応した実践をつくり出すシーズ（種）となりました。

【気づきシート（平成27年度～）】

代表者（施設長）確認欄	

団体名 施設名		記入者 （職・氏名）	

Ⅰ．利用者及びその家族に対し、支援の難しさを感じた事例

介護や子育ての課題、虐待や生活困窮等を抱える利用者・当事者及びその家族に対し、「うちの施設（活動）だけで解決や状態の改善を図ることは難しいのだが、何とかできないだろうか」という事例や思いを、具体的に教えてください。

事例について該当する項目にチェックを入れて下さい。（複数可）

□高齢　□障がい　□子育て　□生活困窮　□その他（　　　　　）

世帯構成（わかる範囲でご記入下さい。ジェノグラムも可）

事例の紹介

Ⅱ．Ⅰの解決策・解決像

上記Ⅰの具体的事例に対して、「こうなればいいのに…」「こんな取組や制度があれば…」という思いや既に課題の解決や状態の改善にアプローチしている取組があれば、具体的に教えてください。

Ⅲ．事例をどのように活用していきたいか

この気づきシートに書いていただいた内容について、

□助言や情報提供がほしい。

□広く学ぶ機会として、縁塾等の研修で使用してもよい。（縁より依頼する場合あり）

□具体的に事例検討する場がほしい。

□その他（　　　　　　　　　　　　　）

平成28年度版気づきシートの記入方法等について

1．記入にあたって

＊1シート1事例の記入をお願いします。
＊固有名詞や個人を特定できる情報は入れないなど、個人情報に配慮した記述をお願いします。
＊提出の際には所属長の確認、承認を得ていただくようお願いします。

2．各項目の記入方法について

Ⅰ．利用者及びその家族に対し、支援の難しさを感じた事例

○「高齢」「障害」「子育て」「生活困窮」「その他」にチェックを入れて下さい。複数チェックも可です。

例）80歳の親と50歳の子という場合で子に障害がある場合は、「高齢」と「障害」にチェックを入れ、子に明確な障害がない場合は、「高齢」と「その他」にチェックを入れてください。

○世帯構成…家族構成、家族関係をわかる範囲でご記入下さい。家族関係図（ジェノグラム）でも結構です。

○事例の紹介…利用者本人および世帯の状況、支援の状況（他に関わっている機関もわかる範囲で）などをご記入のうえ、支援の難しさを感じている部分（利用者、支援者の困りごと）について、ご記入下さい。

Ⅱ．Ⅰの解決策・解決像

この事例について、「こうなればいいのに…」「こんな取り組みができれば…」「こんな制度があれば…」といった思いや、すでに動き出した取り組みがあればご紹介下さい。

Ⅲ．事例をどのように活用していきたいか

この事例について、今後どのように活用していきたいか、チェックを入れてください。

≪チェック項目とそれに基づく活用方法例≫

□ 助言や情報提供がほしい。
　⇒ニュースレターを通じて「気づき」への助言や情報提供を行います。

□ 広く学ぶ機会として、縁塾等の研修で演習事例として使用してもよい。
　⇒多職種連携の手法等を学ぶ縁塾にて、いただいた事例を一般化したうえで、演習事例として使用いたします。また、チェックがない場合も、縁センターより、縁塾での使用をご依頼することがありますので、その際はご協力よろしくお願いします。

□ 具体的に事例検討する場がほしい。
　⇒関係機関を交えた、多職種によるチーム会議、事例検討の場づくりを行います。

※ 事例の詳細についてヒアリングをさせていただく場合がございますので、ご協力よろしくお願いします。
※ ご記入いただいた事例の個人情報については、滋賀の縁創造実践センターにて責任を持って取り扱います。また、取り扱いについては、上記の３点以外の使用はいたしません。

3．提出方法について

作成いただいたシートのご提供は、以下のお問合せまでFAX、メール、郵送等にてお願いします。

（お問い合わせ先）
滋賀の縁創造実践センター（社会福祉法人滋賀県社会福祉協議会内）
〒525-0072 滋賀県草津市笠山七丁目 8-138
電話：077-569-4650　FAX：077-567-5160　e-mail：enishi@shigashakyo.jp

支援策企画立案・実践のエンジン「小委員会」

次の段階は、現行制度の枠にとらわれずに課題に対する支援策を企画立案することでした。この段階で持ち込まれた課題を分類し、六つの小委員会がつくられました。縁センターの特徴は分野を越えたつながりの力と会員の主体性であることから、企画員は本業の分野にとらわれず、自らの課題意識にしたがって小委員会を選び、そこで具体的な企画立案を進めることになりました。小委員会が抽象的な課題からどのようにして具体的なモデル事業実施に至ったのかは、後の事例で記します。

縁センターの設立準備段階から現在に至るまで、事業の企画立案と実践のエンジンとなっているのは企画小委員会です。現在、六つの小委員会が活動しています。

縁センターの事業活動は予算主義ではなくニーズ主義です。こうした現場で課題を自覚した人たちによる行動を促進し、普遍化に向けた動きをスピード感をもって進めていくために、設立当初から小委員会に一定の財源が配分され、「制度のはざま」の問題に取り組もうというモデル事業の企画立案、実施に関する権限と責任が小委員会リーダーに委ねられました。縁センターの事業の企画立案に関する小委員会の役割を整理すると次のようになります。

①　会員からの気づきを「気づきシート」により持ち寄る仕組みをつくる。
②　会員からあがってきた気づきと、各分野・各地域から出てきた企画員の気づきをテーブルに広げ、おおまかな分類をしたうえで、その分類にそった小委員会をつくる。
③　小委員会は、会員が現場で気づいている制度のはざまの問題や制度になじまない課題に対して具体的な支援策等事業を企画立案する役割を担う。
④　各分野各地域から出てきた企画員は、自らの関心や役割に沿って小委員会に所属する。小委員会にはリーダーを置き、リーダーは企画立案と予算の執行に関して責任と権限をもつ。
⑤　事業の方向性に関しては、リーダー会議（小委員会リーダーと縁センター執行部による会議）において協議、共有する。

縁センター内での小委員会の位置づけは、図「滋賀の縁創造実践センターの実践の体制」のとおりです。

滋賀の縁創造実践センターの実践の体制

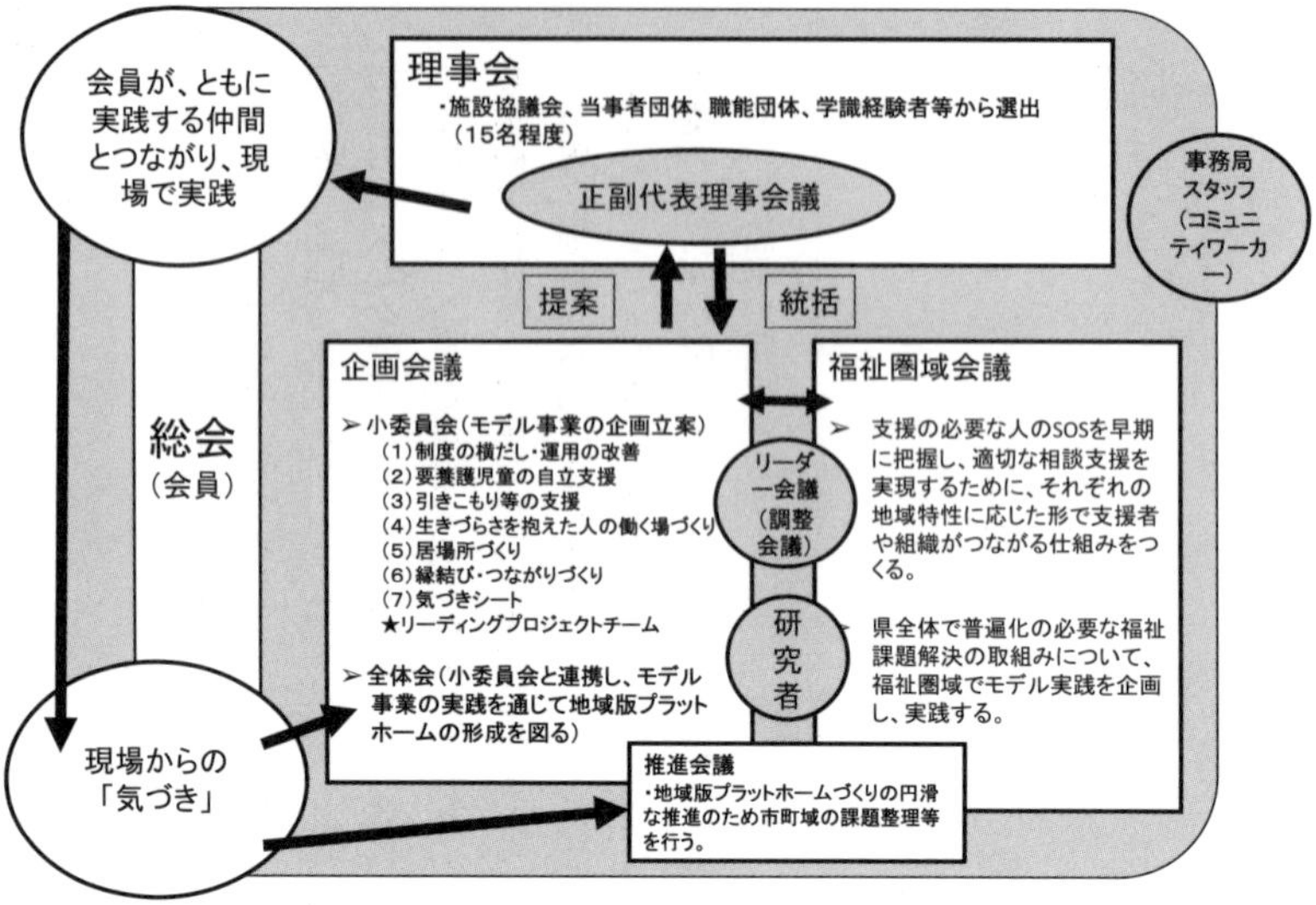

こうした取り組みの結果、縁センター発足から半年後には、いくつかのモデル事業が立ち上がりました。

さらに次の段階は、モデル事業の波及と普遍化への働きかけでした。会員団体・法人のリーダー層が参加する総会では、事業の外形ではなく向き合っている課題、誰に支援を届けようとしているのかを共有しようとしてきました。会員として何かできることがあるのではないかと考える機会にしてきたつもりです。また、普遍化に向けた働きかけとして、総会には県、市町行政の担当課も招待しました。さらにもう一つの共有の場が福祉圏域（滋賀県には七つの福祉圏域が設定されています）での企画会議や会員交流会でした。全県一区で課題の共有や実践の交流をしていても、そこに参加されるのは団体の代表者の方が中心になります。やはり現場で制度のはざまや限界を自覚している施設長やリーダー的職員がつながり、「自分たちの地元でも何かできるのではないか」と話をしていける場が大事であると考え、この福祉圏域での分野を越えた集まりの場をつくってきました。会員交流会では、モデル事業の実践事例紹介とともに、地元の支援関係者（例えば、スクールソーシャルワーカーや保育士、ケアマネジャー）に困難を抱えた人の暮らしの実態を報告してもらい、感想や自分たちにできることを出し合う時間を大切にしました。また、地域の関係者である教育委員会や社会福祉課、子ども家庭支援課の人たちの参加も促しました。そこから、自分たちの地域でも実践をつくっていこうとする核になる人たちが現れ、実践に向けた関係者の話し合いの場がつくられていくことを期待しました。すでにある実践の現場を視察し、事業開始の時期を設定して具体的な体制づくり、役割分担のための話し合いを積み重ね、新たな地域で実践が始まっていく。当たり前のことをきっちりやっていくことの大事さを実感しました。

〈センター発足から半年で始まった制度のはざまの課題に対するモデル事業〉

1 社会福祉施設を活用した支援を必要とする子どもの夜の居場所〝フリースペース〟
2 施設や里親のもとで育つ子どもたちの自立への土台づくり
3 制度で対応できないひきこもりの人と家族への支援
4 働きづらさを抱える人の小さな働く場づくり
5 医療的ケアを必要とする重度障害児者の入浴支援

〝気づき〟を持ち寄れる場、あらゆる分野の専門職が学び合う場

設立準備段階で取り組んだ「気づきシート」活動は、各会員の施設・事業所の職員たちが、利用者及びその家族に対して支援の難しさを感じた事例を具体的に持ち込んでもらう取り組みでした。介護や子育ての課題、虐待や生活困窮等を抱える利用者・当事者及びその家族に対して、「うちの施設（活動）だけで解決や状態の改善を図ることは難しいのだが、何とかできないだろうか」という事例や思いを教えてくださいと呼びかけました。その具体的事例に対して「○○という団体とつながれたら…」「△△という取り組みや制度があれば…」という思いや、すでに他の団体や制度につながり、課題の解決や状態の改善にア

プローチしている取り組みがあれば、それも出してもらい共有していこうとしました。

保育園からは、「長年かかわっている家庭についてネグレクトなど子どもたちの生活に気がかりな部分も多いが、家庭生活への介入には限界があり、どうすることもできない。地域のなかで見守りがあるとよいとは思うが、地域への連絡は家族への偏見につながる恐れがあるのでは、と躊躇してしまう」というように、保育園側からの家庭支援の困難さが複数出てきました。

高齢者デイサービス事業所の相談員からは、統合失調症の娘と二人暮らしの高齢の要介護女性について、「体調不良を理由にデイを休まれることが多いが、どうも本人というよりも娘さんの調子によって送り出しができずに休まれているような印象があり、送り出しヘルパーの導入など提案したいが、娘さんの抵抗、経済的な事情があるようで難しい。介護保険のケアマネジャーが主となってかかわっているが、高齢の親御さんの生活の楽しみと娘さんの支援について包括的に考えられないだろうか」という事例が届きました。介護家族が仕事につけないため十分な医療・介護を受けられない高齢者ご本人への支援と、そのような状況でも支援を拒否している家族への支援など、高齢者施設のケアマネジャーや生活相談員からは、複数の困難を抱える世帯への支援の困難さがいくつも出てきました。

すべては紹介できませんが、こうして会員の現場から持ち寄った「制度のはざま」や制度だけでは支えられない困難を抱える人びとを放っておかないために、「何かできるのではないか」という姿勢でつくり出したのがモデル事業でした。

もう一つ、縁センターには、気づきを持ち寄る活動をきっかけにして多職種連携ができる人づくりをしていこうと創設された「縁塾《えにしじゅく》」があります。縁の同志である研究者の先生方が毎年、県内各地をめぐり、地元で奮闘する施設や在宅、あらゆる分野の専門職が仲間として学び合う場をつくり、暮らしにかかわる専門職がもつべきビジョンを示唆し続けてくださってきました。「縁塾は〝漢方薬〟みたいなもんやからね」と言いながら、どうしたらもっと積極的で能動的な学びの場になるだろうかと振り返り、見直しを続け、多くの人が励まされ、実践の土台をつくれる場になっています。「人との対話が一番重要であること、自分と他人との違いや考え方が違うことを前提において意見を聴く姿勢が大事だと感じました。他人事ではなく自分事として考えて、発信していく力を育てていきたいと思いました」。こんな参加者の言葉が、縁塾の意味を伝えてくれています。

縁センターの二年目からは、縁塾で学び合った多職種連携の姿勢を、自分たちの現場で形にしていこうという企画が始まりました。「事例検討多職種サロン」と名づけられたこの取り組みは、滋賀県社会福祉士会の専門スタッフが、出前検討会、出前講座的に多職種連携の検討会をやってみたい、という事業所や地域のニーズに合った形でお手伝いをするという、とてもうれしいサポートプログラムです。「ちょっと進め方がわかって、楽しくなったわ。負担感や不安が消えたわ」という声が届いています。

五年間の活動終期を前にして

設立時に五年間と定めた活動期間の四年目を迎えた現在は、新たな事業をつくるのではなく、それぞれの現場で出会ってきた生きづらさを抱える人びと、制度のはざまにある課題を一つでも解決するために創造し、三年間の実践を経て「一定の形」となってきた各事業の普遍化、一般施策化に向けた面的展開と実践内容の改善に取り組んでいます。

以下では、縁センターから生まれた実践の志と形（取り組み方）を紹介していきます。それぞれの実践をつくり出した小委員会やプロジェクトの人たちが三年間の活動を通して何を見出し、何を残したいと考えているのか。このことをできるだけ生きた言葉で伝えたいと思います。各項の最後には、「平成二十九年度つながり・ひろげる縁フォーラム」（二〇一七年四月二十五日）で小委員会リーダーらが語った大切な言葉を掲載しました。

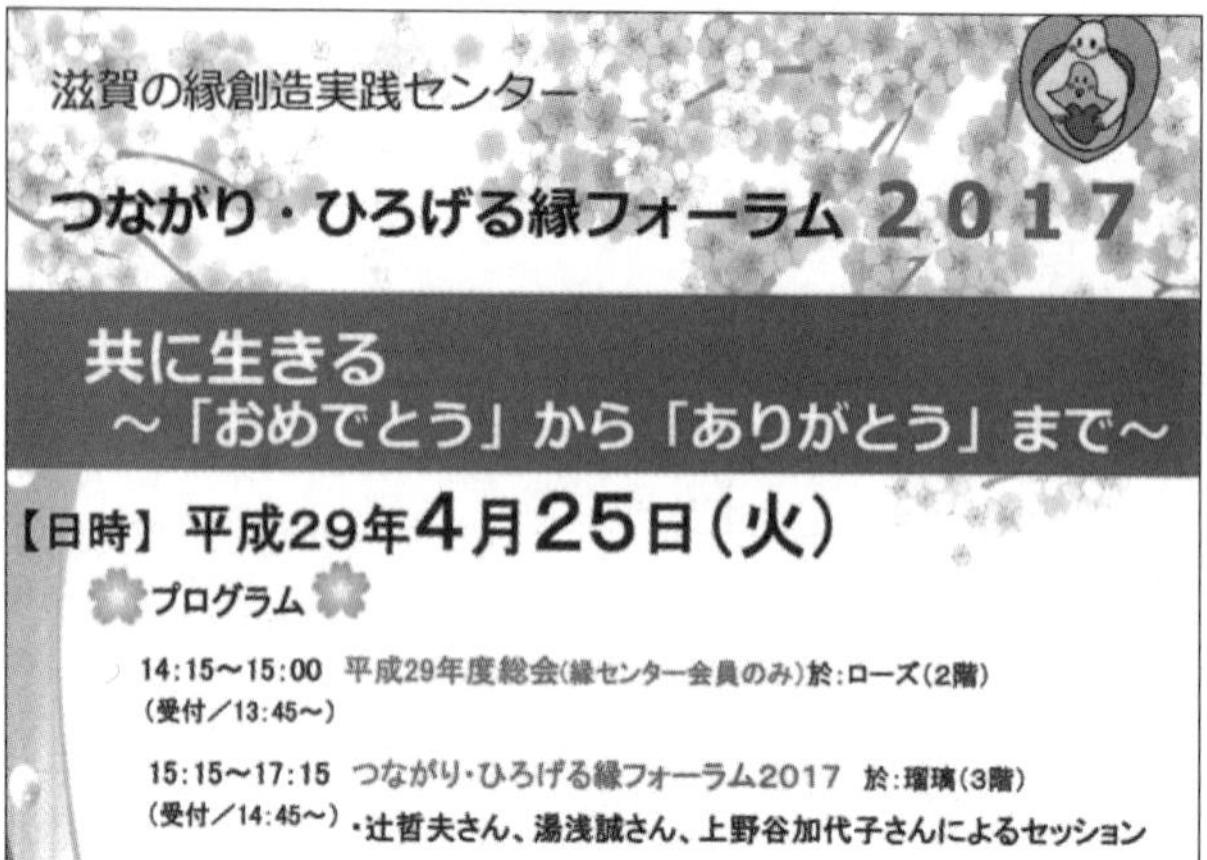

福祉従事者、地域の活動者、行政職員らが集った
「平成29年度つながり・ひろげる縁フォーラム」

誰もが「おめでとう」と誕生を祝福され
えにし白書
2016
えにし実践報告書
「ありがとう」と看取られる地域づくり
滋賀の縁創造実践センター

（「えにし白書２０１６」の巻頭メッセージ）

えにし白書２０１６の発行によせて

子ども食堂に取り組んでおられる方がこんな話をされました。「子ども食堂の受付で子どもがぎゅっと握った手を差し出した。その手の中に一〇〇円玉はなかった。一食一〇〇円が皆で決めた値段やけど、私らはこの子の手をぎゅっと握って、『いっぱい食べてや』って言ってやりたいと話し合ったんや」。あたたかいまなざしに満ちた子ども食堂という活動が子どもの可能性を育む場となり、さらに、地域住民の連帯を育む場となっていることを実感するいくつものエピソードが県内各地から届いた一年でした。

ひきこもりの人と家族支援モデル事業の運営会議では、民生委員・児童委員の代表として参加されているおひとりが、この事業の事務局を担っている事業所のスタッフに、「あなた方は私たちに、お礼やすみませんという言葉を言わなくていいのです。私たち民生委員は、自分たちがやるべきことだという気持ちで主体的に活動に参加しているのですよ」と穏やかにおっしゃいました。

「自覚者が責任者」という滋賀の福祉の志は、このように暮らしの場で人びとの福祉を見つめ、実践する方たちの中に深く息づいているということに心が湧き、同じ福祉関係者として叱咤激励されます。

滋賀の縁創造実践センターは、平成二十六年九月に五年間と期限を切って活動を開始し、早くも折り返し地点を過ぎました。民間福祉の志、糸賀一雄の実践の姿勢に共感する会員が寄り添い合い、生きづらさを抱えて日々暮らしている人の現実から目をそらさず、できる範囲でできることを一つでも具体化しようと取り組んでまいりました。そのなかで、この取り組みはニーズに対応したものか、システムとして運用できるのかなどの見直しを何度も行い、いくつかの取り組みは公私協働による事業となり、普遍的で継続的なシステムづくりの段階にあります。

平成二十九年度は、いよいよ縁センターが生み出した実践がどれだけの効果をあげたのか、成果物はなにかということについて客観的な評価をいただき、同時に自己評価を行い、「縁センターの後」を展望していく年度になります。誰もが「おめでとう」と誕生を祝福され、「ありがとう」と看取られる、そういう地域をつくるという目標をしっかりと掲げ、福祉関係者として気づいている課題に向き合い、対応する制度がないなら自分たちで創り、実践し、普遍化に向けて働きかけるという民間福祉の原点を自覚し、滋賀の福祉を耕しましょう。

共に実践する仲間がいるのはうれしく、楽しいことです。大いに語り合い、皆で知恵と力を合わせ、無縁社会を打ち破っていきましょう。

2 五つのモデル事業

制度のはざまの課題へのモデル事業 1

フリースペース（特別養護老人ホーム等を活用した支援を必要とする子どもの夜の居場所）

フリースペースという名称からは少々この事業の中身がイメージしにくいという意見もありますが、この事業は、家庭の事情等でしんどさやさびしさを抱える子どもたちが、安心して心をひらき、風呂、ご飯、だんらんという普通の夕刻の時間を過ごせる場を、特別養護老人ホーム等の社会福祉施設を活用してつくるという支援事業です。まさに子どもたちにとってこころとからだをゆっくり休められる場「フリースペース」なんだなと感じます。この事業を生み出した小委員会のみなさんの志と尽力に心から感謝しつつ、縁センターが生み出したモデル事業「フリースペース」の中身を紹介します。

実施主体は入所型社会福祉施設

フリースペースの運営の仕方は今のところ地域によって少し異なる部分がありますが、基本的には、特別養護老人ホームや障害者支援施設などの入所型の社会福祉施設が実施主体となって子どもたちを受け入れています。一週間に一日、あらかじめ曜日を決め、学校が終わってからの時間（おおむね午後五時半頃から八時半頃まで）の居場所です。施設は、子どもたちの送迎と、風呂とごはん、そしてだんらんの時間が過ごせる空間を提供してくださっており、フリースペースの管理人という位置づけで職員一名が開設時間の間、常駐しています。

フリースペースは地域のすべての子どもが利用できるオープンな居場所ではありません。施設のある地域のなかで、子どもにとっても家庭にとってもこの場の利用が有効なのではないかと、複数の相談支援機関の専門職による調整会議で選定した家庭に利用をすすめ、保護者の承諾が得られた子どもたちが利用しています。一つのフリースペースを利用する子どもの人数は、おおむね一家庭の兄弟姉妹と限定しています。子どもは小学生が中心ですが、家庭の状況によっては幼児や中学生も利用することになります。一人ひとりの子どもにていねいにかかわる、個別性の高い居場所が必要というニーズから、このような設定になりました。

各々に「よりそいボランティアチーム」を結成

フリースペースで子どもたちに寄り添うスタッフは地域のボランティアの方たちです。地元社協のワーカーが施設とも相談しながら子どもたちの気持ちを想像して寄り添える方を募ったり、声をかけたりしてそれぞれのフリースペースの「よりそいボランティアチーム」をつくりました。地元大学のサークルメンバーが入っているところもありますし、高校生が入っているところもありますが、おおむね子どもの親御さんより年齢の高い方たちがボランティアスタッフをしてくださっています。そして、どのフリースペースにも一名、子どもとのかかわりについての責任者的な有償スタッフを配置しています。この方たちもボランタリーな位置づけでの参加です。なぜ有償スタッフを配置しているのかというと、何らかの支援を必要としている子どもたちなので、何か気がかりなことや、ボランティアでは対応の難しいことが起きた場合を想定して、子ども家庭支援の経験のある方に入ってもらう必要があると考えたからです。

施設もボランティアも安全管理には細心の注意を払っていますが、万が一に備えて、ボランティア行事用保険に加入しています。施設側の責任による事故等に関しては、施設が加入している損害保険での対応となっています。

子どもたちとスタッフによる“スペシャル企画”でカレーづくり

保護者への利用説明時には、この事業の目的とともに、事故等への対応についてもあらかじめ書面と口頭で説明をし、その内容を承諾されたうえで利用申込書をもらっています。

経費は、施設への管理費（一回三〇〇〇円）とボランティアの交通費（一回一〇〇〇円程度）、責任者である有償スタッフへの謝礼（一回三〇〇〇円）、さらに保険料で、現在はモデル事業ですので縁センターが負担しています。

子どもとの直接のかかわりはボランティアが中心ですが、利用の調整や関係者会議、保護者との連絡調整、必要に応じた保護者への働きかけ、関係機関との調整は、社協のソーシャルワーカーが調整役となって、行政の相談機関のワーカー、必要に応じて在籍校の教諭やスクールソーシャルワーカーとの間で動きます。社協のソーシャルワーカーの動きでわかるとおり、この事業は実施主体である社会福祉施設と、地域を土台にしたソーシャルワーク機能をもつ社協が両輪となって動いてこそ、子どもと家庭によい支援を届けられるのだろうと感じます。

県内五市・一〇か所に開設

フリースペースは二〇一七年八月の時点で県内一〇か所（五市）で開設されています。

子ども家庭支援の関係者の側から自分たちの地域にフリースペースがほしいという声を受けて地域内の特別養護老人ホームが動き出すという道筋もあれば、施設長や職員からぜひ自分たちの地域の子どもたちのためにフリースペースを開設したいという声を受けて、社協と相談して、子ども家庭支援の関係者によびかけ、準備会を開き動き出したという道筋もあ

社会福祉施設を活用した支援を要する子どもの夜の居場所
「フリースペース」平成２９年９月現在

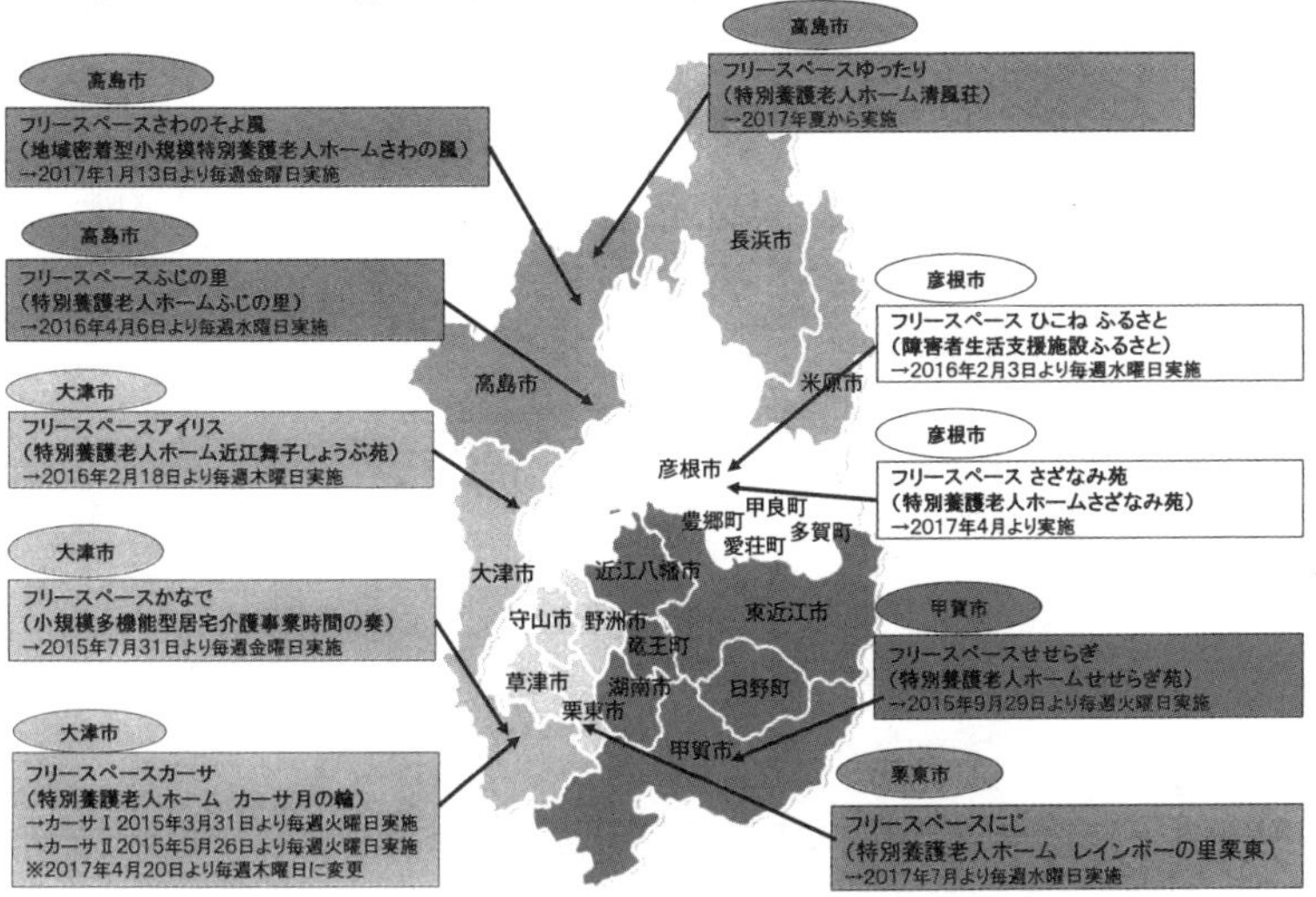

「フリースペース」の実施地域

ります。どちらの道筋も、子どもの現状に気づき、放っておきたくないという思いをもった人たちが責任者となって動き出したのです。現在二市では、生活困窮者自立支援制度の支援プログラムとして、もしくは子どもの貧困対策の計画事業として位置づけ、それぞれ社協に子どもの支援に関する担当者を置き、市内で展開していこうという方向にあります。

フリースペースを企画立案した小委員会は、居場所づくり小委員会として高齢者施設の職員と社協職員をメンバーとして始まりました。メンバーは地域における居場所づくりの大切さと地域の社会資源として二十四時間スタッフがいる社会福祉施設を活用した事業展開の方向性は共有していたものの、誰のための居場所が切実に求められているのか、そこは明確ではありませんでした。それでも小委員会は、リーダーの施設を拠点にニーズに対応したモデル事業を年度内にプレ実施し、実践しながら検討しようと目標を立て動き出しました。

発想は、施設が行う地域福祉フォーラムでの住民の発言から

誰のために居場所をつくるのか、地域の人たちのためにつくった施設なのだから地域の人たちの声を聴こうというリーダーの考えから、リーダーの施設が定期的に開催していた地域福祉フォーラムの場を活用して、地域の住民（福祉委員や自治会関係者等）と施設職員、小委員会メンバーがワークショップを行い、居場所としての施設の活用方法について考え、アイデアを出し合いました。すると一つのグループの発表者である住民の方から、子どもが不登校になっていて親も子も困っているという相談を母親から受けたが、そういう子どもや親が安心して通うことができる居場所になればいいという提案がありました。さっそく小委員会に持ち帰り、地元市のスクールソーシャルワーカーや保育士から、困難

を抱える家庭と子どもの日々の生活についてじっくりと話を聴き、メンバーそれぞれが一人の大人として子どもらが抱える現実の問題に向き合うことになりました。

当該施設がある校区には、さびしい思い、つらい思いをしている子どもたちが複数いて、学校と家以外に子どもたちが「安心と子どもらしいよろこび」を感じられる場が欲しいと子ども支援の関係者は願っていました。一方、施設は介護保険サービスが本業であり、子どもたちのために何か役立ちたいが専門外の分野でどこまでやれるのかという不安がありました。そこを動かしたのは地元市社協のコミュニティソーシャルワーカーで、「一人のためにやれるのが民間の強みです。この居場所を待っている子どもがいるのだからやりましょう」と言ってくれました。プレ実施の日を決め、実施体制のプランをもって県教育委員会、市教育委員会に相談をもちかけ、スクールソーシャルワーカーを介して教育現場と連携した取り組みを進めることについて協力を依頼しました。教育現場は、学校だけでは子どもを支えることは難しく、子どもが安心できる大人と出会える場を身近な地域につくってもらえることはたいへんありがたいと率直に話されました。その後、市内で生活困窮者自立支援制度のなかでトワイライトステイを実施しているＮＰＯの活動を見学し、子どもの様子と子どもへのかかわり方を学び、いよいよ関係者で役割分担をしてプレ実施に備えることになりました。この間、小委員会や実施に向けた地元関係者による相談を数回重ねました。

　プレ実施として決めた日から毎週、子どもの参加がなくても受入れ体制をつくり、子どもの参加を待ち、ようやく一か月後、スクールソーシャルワーカーと家庭児童相談室がつないだ子どもが保護者とともに初めて参加し、そこから毎週欠かすことなくフリースペースが開かれています。施設と支援者の責任感、子どもへの思いによって、フリースペース第一号は当初、二世帯、六人の子どもたちが子どもらしく居られる場として定着し、同時に、県内各地で目の前の

施設利用者や職員とともに初めてのハロウィンパーティー

子どもを放っておけないと心が動いた人たちの視察の場となっています。それぞれの地元で目の前の子どものための場をつくろうと、関係する人たちが分野と所属を越えて集まる場がここから始まり、じわじわと広がり、つながってきました。

第一号のスタートから二年半。県内全圏域での展開を目標に現在も打ち合わせが進みます。縁センターモデル事業として意識していることは、一つの組織単体の取り組みにしてしまわないこと、そして何よりもこの居場所の目的を見失わないことです。フリースペースは、子どもを教育したり指導したりする場ではなく、さまざまな事情から家庭のなかに安心して頼れる大人がいない子ども、安心できる時間と空間がない子どもにとって、普通にご飯を食べ、人と話をし、安心して居られるという〝ふくし〟(ふだんのくらしのしあわせ)の場であるということです。今後、モデル事業を県内で普遍化させていくためには、施策に基づく事業となるよう働きかけていくことが重要ですが、地域・民間のぬくもりと柔軟さが発揮できる本物の公私協働による施策構築ができるかどうか、行政も民間も力量が問われています。

フリースペースが育ちを後押し

一〇か所のフリースペースに来ている子どもたちの特性や家庭状況はさまざまです。年配のボランティアさんとゆったり過ごすことが好きな子どももあれば、年齢の若いボランティアさんと思いっ切り遊んだり、仲間のように振るまったりして、「あらあら、背伸びして…」という子どももいます。楽しそうな、よくある光景のようです。しかしそんななかで実施主体となっている施設の方から子どもたちが抱える生きづらさにふれた話を聴くたびに、どうにかしてこの事業を、ここを必要とする子どもがいるすべての地域で展開していけるように頑張ろう、と皆が背中を押されます。

フリースペースを実施する曜日に、施設長がデイサービスの送迎中に利用している子どもの家のあたりを通ったとき、まだ迎えに行く時間までずいぶんあるのに、子どもたちが家の前で待っていたのだそうです。思わず、このまま連れて行ってあげようかと迷ったけれど、時間のルールは守ろうと思いなおしたのだそうです。子どもが心待ちにしている場なのだという喜びと切なさを感じます。別のフリースペースでは、行事の準備をするためにちょっと特別バージョンでスタッフと子どもが一緒に買い物に行ったのだそうです。ス

フリースペースの体制図

タッフと手をつないだ子どもが「なんか家族みたいやなぁ」と本当にうれしそうなひと言。「泣きそうになりました」と、その方のお顔がクシャッとなりました。

子どもたちにとって本当に役立っているのかなと不安げに話されていたあるフリースペースのスタッフは、開設して二年、初めて子どもたちの担任の先生方と情報共有の会議をもつことができました。「ゲームの言葉しか知らなかった子どもたちが、本当にたくさんの言葉を知り、おだやかに話ができるようになりましたよ」と成長ぶりを聴くことができ、ああこれからも継続してやっていこう、やりがいと責任のある大事な活動だと施設職員で共有されたそうです。皆の協力と方向性の共有が子どもたちを育んでいます。

開設の相談時に、施設のスペースを提供するだけしかできませんがそれでもよければと言って始まったフリースペース。毎週欠かさずうれしさ満点でやってくる子どもたちとの出会いに、今では、しょうぶ風呂やゆず風呂、晩ごはんの一品などシークレットで心温まるもてなしをしてくださっているのだそうです。子どもたちはここで生まれて初めてバースデーケーキでお祝いしてもらい、ハロウィンパーティを堪能したのだそうです。

メッセージ

日比晴久さん（居場所づくり小委員会リーダー・特別養護老人ホーム カーサ月の輪 施設長）

我われがやっているフリースペースは週に一回の活動です。現在、県内八か所まで広がってきたところです（二〇一七年四月時点）。

ここでお伝えしたい事例を紹介します。我われのフリースペース カーサには、最初、小学校高学年の男の子が一人やって来たのですね。そして、その一か月後ぐらいに、女の子の姉妹四人が来てくれました。その後すぐにもう一人増えて六人になりました。皆、難しい家庭にいる子どもたちでほんとに最初は大変でした。口は悪いし、どついてくるし、すぐ蹴ってくるしということで、大変な子どもたちだったのですが、毎週かかわるなかで、子どもにうれしい変化がたくさん見られまして、我われもこういう支援をしていて、本当にやりがいというのか、結果が出たかと思っていたのですね。けれども、残念なことに結局は児童養護施設入所になりました。

このフリースペースという活動は地域の方と話しているなかで、学校に行きづらくなっている子どもと、さらに親子支援もしていこうというねらいで始まったのですけれど、実際には親の支援というのはなかなか難しいところがありまして、施設のほうも行事やフリースペースでスペシャルなことをするときに、親御さんに子どもと一緒に参加していただくというところまではやっていたのですが、親御さんにも日常のフリースペースに来てもらうというようには結果としてできなかったのです。

最後のほう（施設保護になる直前）は、実を言いますと、その家庭には電気はきていたのですが、水道とガスは止まっていたということでした。結局それだけしんどい状況だったのに、我われにできることはなかったのか、できることがあったのにできなかったのではないかと、ほんと正直悔いが残るところです。

もともとこのかかわりをしたときに、私は子どもたちにとっては近所の「おっちゃん」でいいんや、ということをよく言っていたのですが、支援をするなかでは、自分はやっぱり社会福祉法人の職員ですし、社会福祉士としてもっともっといろいろな機関と協力して、支援をすることができたのではないかな。これからもっとそういうことを考えて活動していきたいと思っております。

制度のはざまの課題へのモデル事業２

ハローわくわく仕事体験・児童養護施設等で暮らす子どもたちの社会への架け橋づくり事業

ハローわくわく仕事体験という事業は、「ハローワーク」と「ワクワク！」が一つになっている名称のとおり、とても味わい深く、そして子どももかかわる大人もうれしくなる事業となりました。名づけ親はこの事業を生み出した要養護児童の自立支援小委員会所属のコーディネーターです。

ハローわくわく仕事体験から始まった、社会的養護の子どもたちの自立を施設に在籍中から自立の後まで、地域社会とのつながりのなかでトータルに支えようという縁センターの取り組みは、二〇一六（平成二十八）年度から「児童養護施設等で暮らす子どもたちの社会への架け橋づくり事業」として滋賀県の独自施策になり、県、県社協、縁センターそして社会的養護の施設関係者が協働して国の制度ではできない実践をしています。

企業で三日間のインターンシップ体験

「ハローわくわく仕事体験」は、児童養護施設と里親家庭、ファミリーホームの中高生が、長期休暇期間を利用して、仕事内容に関心のある企業等で三日間程度の就労体験を行うものです。期間は短いのですがインターンシップです。受け入れ協力企業・事業所は一〇〇社を超えており、大半が中小の企業や事業所です。業種は多様です。子どもたちは、年に数回開催されるプロフェッショナルセミナーで社長の話を聴いて体験先を選んだり、体験情報誌で決めたり、一番多いのが口コミのようですが、自分の得意、合っているなと思われる仕事に出会おうと幅広く積極的にチャレンジするように

自動車修理工場で社長の説明を真剣に聞く小学生グループ

なってきました。

体験前後の子ども向けキャリアセミナーや子どもを養育する職員や里親向けのサポートセミナーも県内施設・里親合同で開催し、施設内での体験後の子どものフォローアップも標準化されてきました。事業を始めて二年目からはまさに土台づくりのスタートである小学生も行かせたいということで、工場等の見学が始まりました。目を輝かせて話を聴き、何かしらの体験をさせてもらって大満足となっています。

セミナー参加自体が成長の機会

始まったころは、セミナーに参加したものの机に伏せってしまっていたり、仲間としか話ができなかったりしていた子どもたちですが、県内他施設から参加した年齢の上の子どもたちの真剣な態度によい影響を受けたり、何よりもその後の体験で親身になって教えてくださった社長さんたちとの出会いを経て、みるみるうちに立派な受講態度へと変わってきました。質問もします。自分から「次の休みには体験に行かせてください」と頼みます。

こうして子どもたちが変わってくると、またまた施設内口コミで行ってみようかなという子どもが出てきます。緊張しすぎて失敗した子どももいますし、体験中に思うようにできずに二日目から行けなくなった子どももいます。心配してくださった社長が施設に来られ、落ち込んでいる子どもに穏やかに言葉をかけてくださったこともありました。

県内施設のなかには、毎日何かしら事件がおき、職員がその対応で目いっぱいになり、自立という将来への貯金のようなハローわくわく仕事体験参加への働きかけが進まない施設もありました。しかしこの三年間の施設職員同士の励ましや縁センターに配属された専任のコーディネーターのていねいなかかわり、後押し、なにより体験した子どもがセミナーで見せる成長を肌で感じて、ぼちぼちではありますがすべての施設から体験に参加できるようになりました。体験して終わりではなく、事前事後の報告や共有を企業とていねいにすることで、企業の方たちも実施を振り返って改善の提案をしてくださるようにもなりました。

子どもたちを真ん中において、制度だけではできない、虐待等で傷ついた子どもたちの自立を育む仕組みが確立されつつあります。

児童養護施設関係者の強い決意が背景に

滋賀県内では約三五〇人の子どもが社会的養護のもとで育っています。県内では彼らの半数が一八歳で退所した後、自立への道をうまく歩めず、孤立や困窮に陥っているという深刻な課題がありました。滋賀県児童福祉入所施設協議会からは、発達障害や知的障害のある子どもの割合の増加や家庭に戻れない子どもの増加等、自立の困難さが提起されていましたが、子どもたちへの支援は、施設ごと、職員ごとの対応となっていました。また子どもたちへの支援は自立の時期を迎えてから対応策を講じるという状況でした。協議会では、このままでは貧困の連鎖を防ぐことができない、生活困窮に陥る可能性が高いことがわかっているのだから何か予防的な取り組みができないだろうか。もっと県として自立支援の施策を強化し、予算を増やしてほしいという要望を出し続けていました。

縁センターをつくろうと決まったとき、児童養護施設や里親の関係者は、縁センターに集まってくださった皆さんの協力も得て、児童養護の関係者自らが主体となって子どもたちの自立支援に取り組んでいきたいと強い決意を話されたのです。

こうした背景から本モデル事業の小委員会は児童養護の関係者と社協職員、行政職員で構成されました。一見すると社協以外はもともとからの関係者ですが、児童養護関係者の内部委員会ではなく、縁センターという組織で会員からの浄財を財源に、県域全体で取り組む支援策を構築する「外」の場であるという点が大きく異なっていました。

小委員会での議論は、自立後のサポートも重要であるが、それぞれの子どものもっている力を十分に引き出し、伸ばし、養育者以外の大人とのいい出会いをつくっていくことが子どもたちの自立の土台となるという結論に達しました。周りの人の助けも借りながら自分の力で働き、暮らし続けられる子どもに育てたい。そのためには在籍中から自立への土台づくりを行っていこうということから企画立案が始まりました。

企業家の言葉に励まされて

そこで、実際に要養護児童の採用経験のある企業の方や関心をもってくださる企業の方と懇談する機会をつくり、つまずきの原因、がんばれている背景等について意見交換を行いました。この懇談会での出会いから、小委員会のメンバーは、このモデル事業は福祉関係者だけの取り組みとせず、滋賀の企業の協力を得て、社会の場でやってみようと確信しました。懇談会に参加した会社社長の「ぜひ子どもたちの困難な状況等、詳しいことを聴かせてほしい。応援しますよ」という話が励ましとなって、モデル事業は前に進むことになりました。

また、東京都や神奈川県で要養護児童の自立支援事業に先進的に取り組んでいるＮＰＯ

法人があると知り、小委員会メンバーと施設側の中堅職員が視察研修に行き、このNPO法人にはその後のセミナー開催やモデル事業実施にかかるノウハウ等で協力を得ることになりました。このようにして、モデル事業にかかわる関係者の目は次第に「外」に開かれていきました。

ハローわくわく仕事体験事業は、企業と施設・里親を結び、一人ひとりにあったオーダーメイドの就労体験であることから、企業への個別訪問による協力企業の開拓と、体験に係る情報の共有、事前の面談と事後の面談等の調整役となる専任のコーディネーターを県社協に配置し、この事業の普遍化も見据えた体制をつくりました。

県中小企業家同友会の支部ごとの会議で貴重な時間をいただき、要養護児童が抱える困難さと企業の協力を得ることの意味を伝えに回りました。その後、企業の協力申し出は一気に広がっていきました。また、この時点で、施設・里親側にもこの事業の推進員を配置することが決まり、縁センターの企画小委員会と施設・里親側の推進員会議がリンクしながら事業を進めることになりました。

このモデル事業のプレ実施は、小委員会での検討を始めてからわずか三か月後、コーディネート体制や協力企業の登録制などの体制を構築する前の段階でした。一人からでも実際にやってみないと見直しもできないとの小委員会での議論から、冬休みの期間中に一施設が体験にチャレンジし、体験した中学生の明るい体験談、生き生きとしたエピソードがその後の展開のエネルギーとなりました。

このモデル事業の特徴は、これまで児童養護施設関係者だけが悩み、苦労しながら対応していた課題が、企画会議や総会という場で多くの福祉関係者に伝わっていったこと、そして、縁センター会員からの浄財である基金を活用して、これまで着手できなかった新しい発想の事業が実施できるということ、さらには普遍化に向け

バネ製作会社で体験中の高校生。真剣な気持ちで仕事に向き合う

てコーディネーターを配置した組織体制がつくれたことであると考えています。

　いずれの場でも、施設の子どもたちのことを大事にしようと思ってくれる外部の人の存在に元気づけられたり、自立支援にかかわる指導者としての新たな知見を得たり、子どもの隠れたよさや関心ごとを発見したりなど、課題への取り組みが社会に開かれつつあることを実感できたのだと考えます。

　協力企業数が飛躍的に増加し、また同業者である福祉施設からも協力の声があがると後には引けません。子どものがんばり、企業の愛情に満ちた対応を関係者で共有できたことにより、子どもたちの将来のためにやってみようという風が吹いてきました。

　縁センター四年目となる二〇一七年度からは、もう一つの課題である自

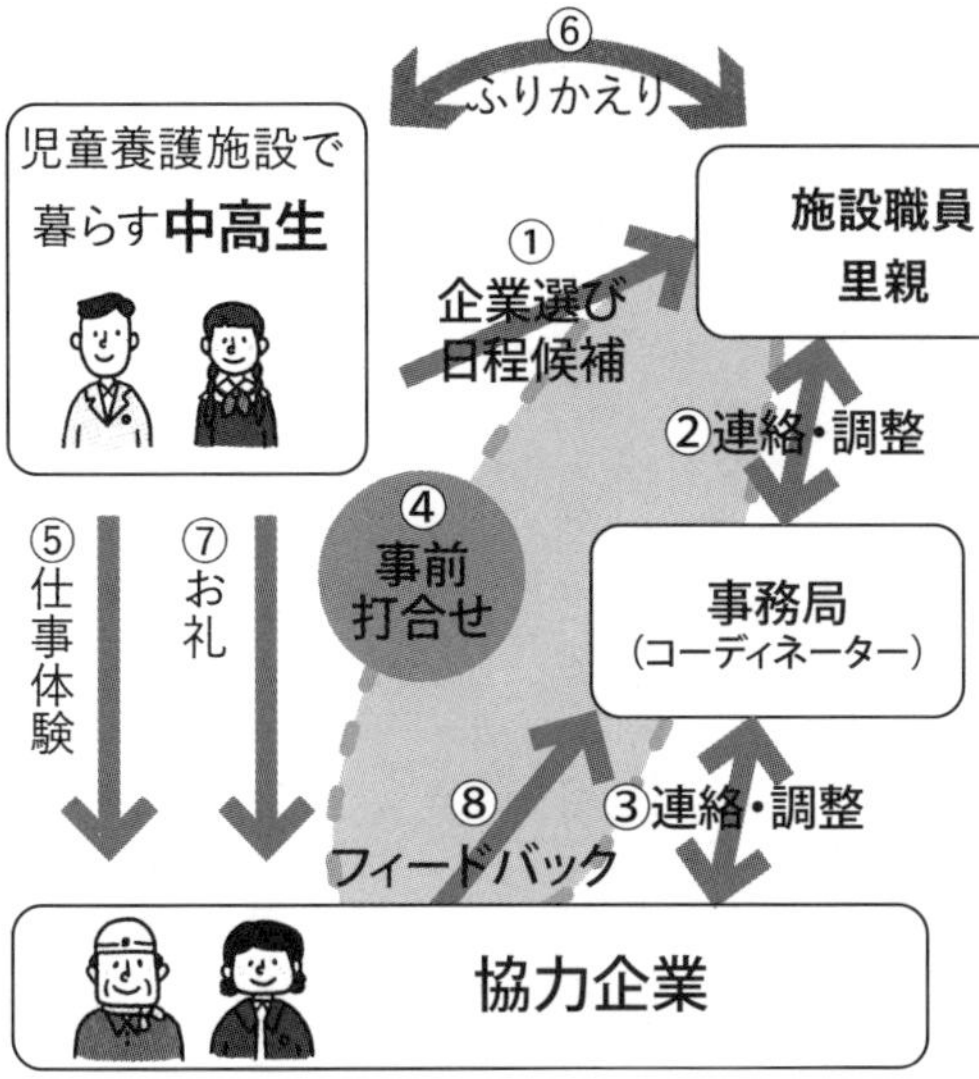

ハローわくわく仕事体験の体制図

立後の支援・アフターケアについて、県内のどの施設を出た子どもも安心して立ち寄り「ココロとカラダ」を休められるレスパイトケアの場づくり、家計のことや人間関係、妊娠出産など、困ったときには相談できるサポート体制づくりのモデル事業が始まりました。

メッセージ

山本朝美さん（要養護児童の自立支援小委員会リーダー・小鳩乳児院施設長・こばと子ども家庭支援センター センター長）

私どもは子どもたちと日々の暮らしを共にし、笑ったり泣いたりしながら三六五日二十四時間、自立に至るまで支援をすることが役割です。滋賀県下の社会的養護のもとで育つ子どもたちのなかで、七割の子どもたちが虐待により心や体が傷つき、里親や施設のもとで暮らしています。「いろいろあるけどここが一番ましや」。これが子どもたちの気持ちです。傷ついた心や体は長い間子どもたちの気持ちを立ち止まらせてしまいます。安心した暮らしにたどりついて五年、六年、七年、いや一〇年経ってから、「ちょっと反抗したら屋根から突き落とされそうになった」「これ嫌いってひと言いったら、ご飯食べさせてもらえなくてドッグフードを食べた」「薪で頭かち割られて血がどばっと出た」というトラウマ体験を思い出してしまいます。

縁を切られた子どもに縁をつくる、これが私どもの取り組みでした。しかし、どかっと傷ついた子どもは、就労体験に行きたくても行けないのです。私たちが一歩踏み出したきっかけは、働く人たちの言葉、姿、まさに縁をつくろうとする大人の姿でした。

プロフェッショナルセミナーのなかで社長さんが子どもに聞いてくださいました。「君は何が苦手で何が得意?」。ほんとに必死で子どもは答えました。「ぼくは字を読むのも書くのも苦手です」「じゃあ字を書いたり読んだりしなくてもよい仕事を選べばいいんだね」と社長さんがおっしゃっていただいたときの子どもの姿は、まさに乳児のときに私たちが見せてもらった、ほんとに無垢な笑顔であったと思います。あ、安心するってこういうことなのだなっていうことを、私はこの子から教えられました。

さて、子どもたちは一八歳になれば一人で自立していかなければなりません。それなのに、なぜ土台づくりであるハローわくわく仕事体験やキャリアアップセミナー、プロフェッショナルセミナーから始めたのかといいますと、傷つき縁を切られたまま社会に一人ぼっちで旅立った子どもたちの支援は本当に困難を極めるからです。施設職員、そしてそれを取り囲んでいただいている支援者の方がたが大変疲弊していく現実が、目の前で展開されていました。

支援する大人たちは、縁センターのモデル事業から生まれた「社会への架け橋づくり」で、子どもたちの真剣に未来に向かおうとする力をたくさん見せていただきました。「ぼくって役に立つんやで」。そう言った子どもの言葉、本当に縁をつくろうとした方がたの努力から生み出された言葉ではないかなと思っています。子どもが本来もっているこのエネルギーを糧《かて》に、私たちは子どもたちの力を信じ、皆さまの縁をつくっていこうとする力を借りながら、今後は子どもたちのアフターケアに向かっていきたいと思っています。

制度のはざまの課題へのモデル事業 3

ひきこもりの人と家族の支援

把握が困難なひきこもり者の課題

ひきこもりがちな人の支援は、県内どの地域でも、子どもから高齢者の相談機関までどの相談機関でも気がかりになっている課題です。子どものころは不登校や発達の不安から親御さんから相談が入り、若者になると若者サポートステーションや思春期相談に相談が入り、さらに、本人が出てこられる場合は体験や訓練に参加することになります。

しかし本人の年齢が高くなり、親御さんも高齢になると、当事者から相談が入ってくることは難しくなり、かつて相談にかかわった相談機関や親御さんの支援関係者である高齢者関係の相談機関、また地域の支援者である民生委員児童委員から「何とか支援できないか」という相談があがらないと糸口がつかめません。

生活困窮者自立支援の相談にも、「私たち親子は特に生活には困窮していないので…」

と敬遠されます。相談支援担当者側が、この世帯は困窮していないので当面の支援対象ではない、としてしまっている事例も少なくないと思います。障害者福祉の相談にも、「うちの子は障害者ではないので…」とつながりません。相談支援事業所側も、計画相談への対応をはじめ、数多くの相談対応のなかで、障害福祉サービスの利用対象とならない人への継続的な支援は「気持ちはあってもなかなかできない」のが現状だという報告を何人もの方から伺いました。

そのようななか、職員が現場で感じていたやりきれなさや、ひきこもりがちな人、社会とのつながりから孤立してしまっている人たちの存在はわかっていても障害福祉サービスの利用契約を結べない人への継続的な支援活動は制度外となり、制度内の人の支援に追われるなかで後回しになってしまっているという現場からの問題提起は、私たちは誰のために、何のために福祉の仕事をしているのかという福祉従事者の原点からの強烈な一打でした。

縁センターのひきこもりの人と家族支援のモデル事業は、このような、制度による継続的な相談支援の対象からはずれるために生きづらさを抱えながら長期にわたりひきこもり状態にある本人と家族に支援を届けたいという、現場職員の自覚と熱意からつくられたものです。

地域で障害福祉の事業所を運営する社会福祉法人が中核に

モデル事業の実施主体は、この課題を自覚し、自分たちが中核となってやっていきたいという志をもっていた社会福祉法人です。滋賀県甲賀市、湖南市で精神障害者地域生活支援センターや知的障害、身体障害の方たちの就労支援、精神障害の方の生活訓練等の障害福祉サービスを展開しているこの社会福祉法人が核となり、「甲賀・湖南ひきこもり支援〈奏《かなで》〉」を開設し、ここが訪問型相談、居場所支援を行っています。そしてこの事業を一社会福祉法人の事業にしてしまってはならぬとの関係者の強い思いから、両市（甲賀福祉圏域）のひきこもりがちな人の支援の関係者である、保健所、生活困窮者支援担当課、障害福祉担当課、健康推進課等の行政機関と社協、そして地域における重要な支援者である民生委員児童委員協議会、縁センター事務局をメンバーとして運営会議を設け、その事務局を実施主体である社会福祉法人が担うという形をつくりました。

「甲賀・湖南ひきこもり支援〈奏〉」運営会議の事務局長を務める、さわらび福祉会の山崎さんは、こんな話をしてくれました。「ひきこもった暮らしをしている人は、その人それぞれのつらかった背景を抱え、長期間にわたり人や社会から一定の距離をとって自分自身を守りながら生きている人たちです。そんな人たちが新たな人や関係を受け入れていくのは容易なことではありません。長い時間と粘り強いアプローチを続ける覚悟が必要で、何か月、何年にも及ぶかかわりのなかで、ようやく本人に小さな変容や力動が起こることもあります。サービス給付実績に対する報酬が主流化している現行の福祉サービス体系の対象にはなりにくく、市場化すら懸念される昨今の福祉情勢のなかで置き去りになりつつある人たちにつながりを届けるすべをつくることを願ってきました」。

そして何より大切なことは、奏《かなで》と運営会議によるこのモデル事業は、単に制度外の個別支援サービスをつくろうとしているのではないということです。ひきこもった暮らしをしている人にとって少しでも暮らしやすい地域のありようを探り、ひきこもる人を排除しない地域をつくっていくことがこのモデル事業のめざすところです。運営会議ではさまざまな分野、職種、立場の人たちがそれぞれの視点から「ひきこもり」に思いを寄せ、熱い議論が展開されています。

あえて「ひきこもり支援」を前面に

「甲賀・湖南ひきこもり支援〈奏〉」という名前は、実施主体の社会福祉法人の生活訓練事業を利用している人たちが考えたたくさんの提案から、運営会議で「これにしよう！」と決めたものです。ひきこもり支援という直接的な言葉を入れることについては運営会議のなかでも揺れましたが、市民生委員児童委員協議会の会長の一言が決定打となりました。会長は、「残念ながら地域のなかでは、ひきこもりは恥ずかしいこと、隠しておきたいことというのが一般的な感情なのですね。認知症も隠しておきたいと思う人がほとんどでしたけど、啓発や学習会を積み重ねることによって地域のなかでも相談ができるようになってきました。ひきこもりのことも、もっとみんなの問題として相談し合えるようにならんといかんと思います。ひきこもりのことで困っている人が相談できるところがここにあるよ、と誰にとってもわかりやすい看板をあげてほしいと思います」と話されたのです。

モデル事業によって、この福祉圏域にはひきこもりの人と家族支援に焦点を絞った関係者のネットワーク「奏の運営会議」がつくられました。ネットワークの活動としては、それぞれの機関がキャッチしたケースを持ち寄り、適切な支援につなぐ相談をするアセスメント部会を中心に、地域啓発部会や家族支援部会などが定期開催されています。

縁センターのひきこもり支援のモデル事業として奏の実践が始まって三年目、現行の制度の対象とならなくても一度キャッチしたＳＯＳに対していねいにかかわることができる支援機関ができたことで、何人かの人たちが再び社会とつながり始めました。ひきこもりという生きづらさを丸ごと受け止める相談支援の手づくりの仕組みが一歩ずつ普遍的なシステムへと発展している真っ最中です。

システムの四本の柱

そのシステムの柱は、まず第一に支援を届ける訪問支援（アウトリーチ）の実践です。自宅への訪問や相談機関への同行などにより、ゆっくりと関係づくりをしていきます。ふだんの様子や希望を伺い、次への一歩を一緒に考えていきます。

次は居場所づくりです。一人ひとりの希望や事情に合わせながら、自宅以外の居場所づくりを提案します。自分のペースで過ごせる場所を大切にして、慣れてきたら、皆さんで交流する機会も考えていきます。現在は、運営会議の拠点でもある「スポットライフくれぱす」の八畳の和室を奏サロンとして団らんを過ごせる場所として確保しています。

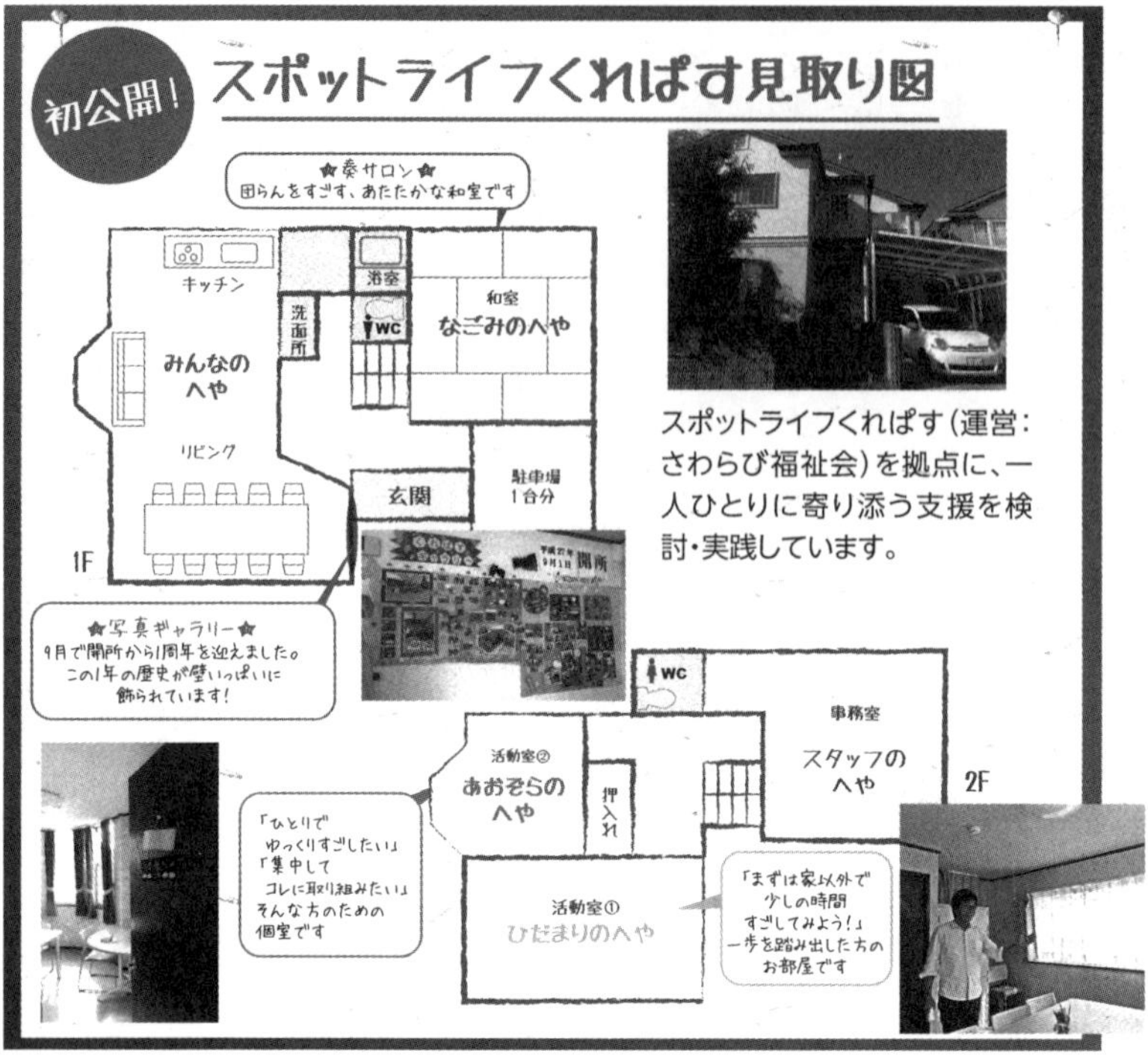

「スポットライフくれぱす」見取り図

三つめは家族の交流と学習会です。ひきこもった暮らしをしている人の家族同士の交流の機会や、甲賀・湖南地域以外の各地に取り組みを学び合う機会をつくっていきます。平成二十八年十月にはひきこもりがちな生活を送る方の家族を対象とした学習会を開催し、ご家族や関係者約四〇名が集いました。「ひきこもりがちな生活の背景を知ることから始める」をテーマに、「ひきこもりは誰にでもありうること」で、「肯定的な見方をすること」「サポーター自身が元気でいること」などのメッセージを共有しました。

四つめは地域啓発と当事者からの発信です。福祉関係機関（者）だけでなく、市民に関心をもっていただけるよう、学び合い、縁を結んでいける交流会、学習会などの取り組みです。また、ピアサポート活動も進めています。

奏の運営会議は二か月に一回の定期開催です。毎回、民児協の会長をはじめ関係機関の課長や係

「甲賀・湖南ひきこもり支援 奏」のギャラリー

長という責任者が手弁当で参加しています。皆さんが生きづらさを抱える住民の顔を心に浮かべながら、まさに「我が事」の集まりです。メンバーが一番大事にしていること、それは、ひきこもりの人へのまなざしがやわらかい地域、働いていなくてもひきこもらなくてよい地域を共につくっていくこと。福祉関係者が寄り添い合い、無縁社会を打ち破っていく取り組みがここにあります。

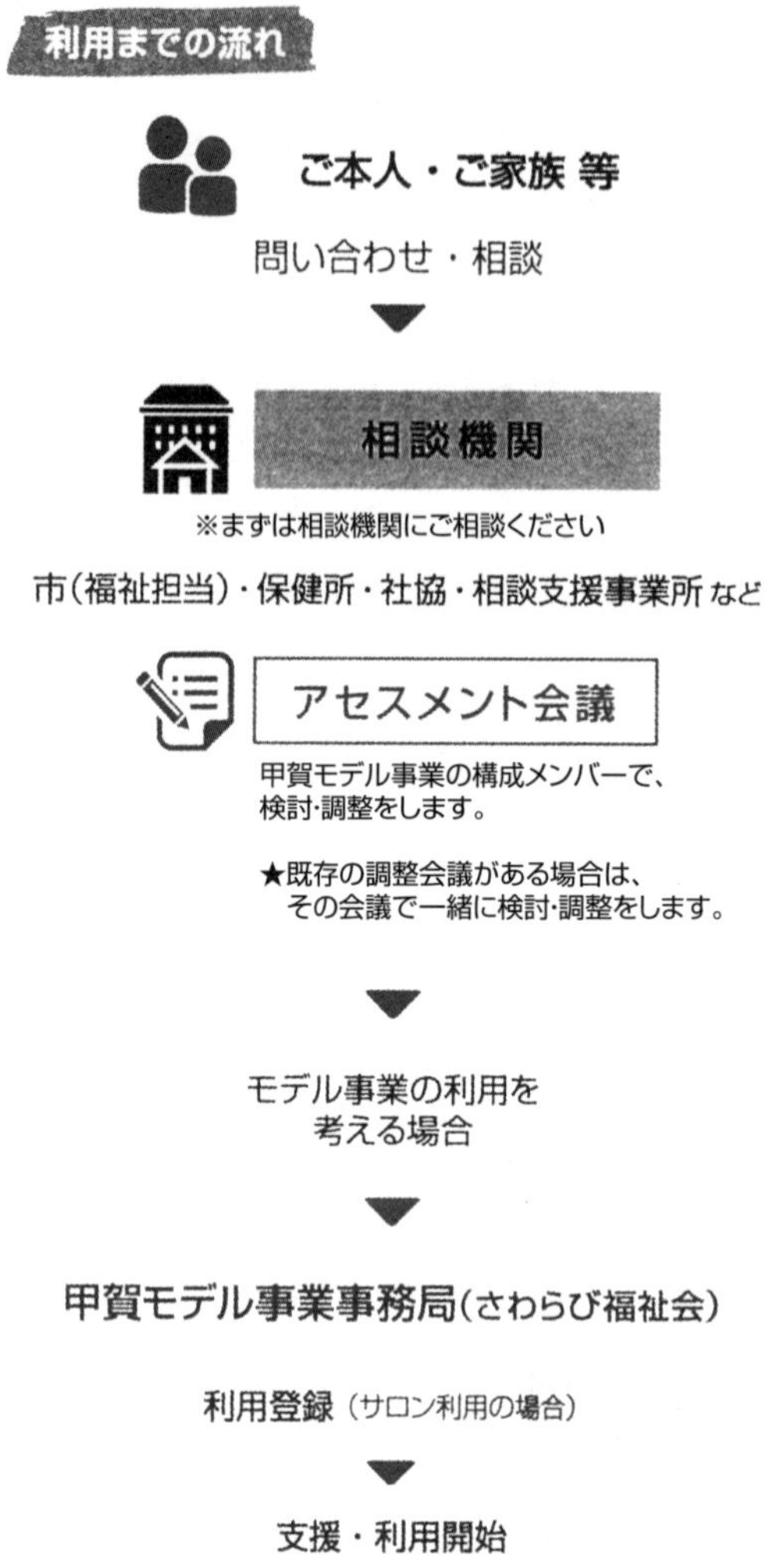

「ひきこもりの人と家族の支援」利用までの流れ

メッセージ

金子秀明さん（ひきこもり支援小委員会リーダー・社会福祉法人さわらび福祉会常務理事）

「ひきこもり。身体はどうもないのに働けばいいんじゃないの」「ひきこもっていても食えるっていうことは親が甘やかしてんのやろ。怠けてるだけやん」そうした言葉、周囲の声から身を隠すことで自分のプライドと身を守っている人たちがたくさんいます。

誰の目も、誰の手も怖くて、誰とも手を結べない。近づいていけば威嚇をする。なかなか本人にはたどりつけない。それでも寄り添い続けていくことで、少しずつこの人となら安心して手をつなげるかも、と感じてもらう。そういう実践が今、甲賀・湖南ひきこもり支援奏《かなで》のなかで少しずつできてきました。ことしの二月には、ひきこもり支援のフォーラムでひきこもり当事者の方が登壇して話をしてくれました。「なんで生きているのって思ったこともあったけど。やっぱ夜のコンビニとかちょうどいい距離感って感じですよ。物買えばありがとうございましたって言われるし、ぼくも商品受け取るとき絶対ありがとうって、言うしね」って。

フォーラムが終わった数日後、彼はこう話してくれました。「皆の前で喋れたのはすごくいい経験でした。でも結局俺ってなんにも変わってないですよ。親とも話していないし、働いてもいないし。僕の毎日は何も変わってないですよ」と。やっと皆の前に出てくるようになった多くの人が、「結局俺って駄目ですよ」って言います。「働いてないし、親に金貰っているし」。働いてないっていうことが、どれほど自分の評価を下げ、負い目になっているか。私たちは働くことだけをゴールにしない、働くことだけをめざさない支援を、というふうに口で言いますが、実際にはそれを実践として創造していくのが非常に難しいと思います。だからこそ私たちは今、人と人がつながることで、「おおきに。待ってたで」「あんたがいるで助かるわ」、そういう場面、機会をつくっていく、そういう実践を創造していく。非常に難しい課題ではありますが、必ずや多くの関係者の方と、そうした場面を共有していきたいと思っています。

制度のはざまの課題へのモデル事業４

傍楽《はたらく》体験（働きづらさを抱える人のための小さな働く場）

「働きたいけれど不安で一歩を踏み出せない……」

障害福祉や生活困窮者自立支援、若者支援等の制度のなかで、「働きたい」と思っている人への支援は整備が進んできていますが、働きたいという気持ちをもっているのにそれが何らかの事情でうまくいかない人たち、一般就労までは距離がある人、一般就労をゴールとしない人など働きづらさを抱えた人への柔軟な支援は、現行の制度だけでは対応が難しい状況です。このような現状を受けて、「誰もがその人らしく輝ける可能性を見つけられるかもしれない一つのきっかけ」になる場として小さな働く場づくりをしていこうと企画小委員会は動き出しました。

さて、どうしたものか。この小委員会に集まったメンバーはそれぞれ実践事例をもっていました。経験やこれまでの成果や課題をもとにしたメンバーの話し合いから出てきた共通点は、自分が仕事をして誰かの役に立つこと、仕事をして報酬を得ること、仕事を依頼した側も助かること、この三点が大切だということでした。さらに、本人が仕事をしている姿を通して、本人の特性や状況を把握し、今後の支援策に反映させる、つまり、この働くという場は支援策の一つであるということなのだと共有しました。考えると、これはどこの事業所でも取り組めそうなことで、実際に多くの人たちがその人に合った支援プログラムの不足から、相談を受け付けた段階で滞留しているのだから、相談支援事業所側もきっと大歓迎の事業だろうと予想しました。取り組みを躊躇する要因があるとすれば、体験者に支払う報酬が予算化されていないことであろうことは予想されていましたので、これこそ縁センターモデル事業として、モデル期間中は縁センターから事業所に報酬等に充当できる小さな助成金を出して、後押ししていこうという計画を立てました。

小委員会では、このような場所を新たにつくるのではなく、事業所のなかで「ちょっと手伝ってもらいたい」ことを出してもらい、地域の相談支援機関と協力体制をつくって「働きたい人」とマッチングしていこうと考えました。働くことは、「傍にいる人を楽にすることやで」。会社の社長さんたちがどなたも口にするこの意味を大切にして、気軽に足を運んでもらえたらうれしいと、このプログラムは「傍楽体験」と名づけられました。

- 働くことを切り口に参加できる場所
- 人や社会とのつながりを感じられる場所
- 自分の役割を感じられる場所
- 少しでも働いた対価を得られる場所
- 自分の働き方を見つけるためにチャレンジできる場所

「相談どころに溜まっている人たち」とは

傍楽体験の利用を進めたい人たちというのは、生活困窮者自立支援の相談窓口につながったけれど就労支援関係のプログラムの対象とならなかったり、対象となってもなじめなかったりする人たちや、社協の生活福祉資金の相談に来られ、残念ながら貸し付けはできないけれどこのまま支援機関とのつながりを断ってしまわず、何かその人なりの自立への支援ができるのではないかと思われる人たち、さらには、若者サポートステーションなど若者の自立支援相談につながったものの、支援の図式で示されるステップアップタイプの支援策にはなじめない人たちなどです。相談支援機関の担当者の表現を借りると「相談どころに溜まっている人たち」ということになります。障害者の就労支援機関でも制度の対象とならない人、なじめない人たちがいます。本人も、人手がほしい事業所も、そして支援策が見つからない相談支援機関も皆が喜ぶ事業だから広がるであろうと、なかば楽観的に「傍楽体験」はスタートすることになりました。実際のところ傍楽体験のプログラムはまだまだ広がっていませんが、この事業のよさはかなりはっきりと見えてきています。

傍楽体験の実践の流れ

傍楽体験は次のような流れで実践されます。

①まず、縁センターの会員事業所で、「人の応援がほしい」業務を切り出します。②次に連携する相談支援機関・事業所を決め、体験内容、体験時間の設定や報酬の支払い方法、支援者のかかわり方などを相談し、「傍楽体験プログラム」をつくります。相談支援機関は、地域若者サポートステーション、生活困窮者自立支援相談事業所、社協などです。③プレ実施を経て、「傍楽体験」として継続的に実施します。④必要に応じて相談支援機関・事業所等へのフィードバックや振り返りを行い、プログラムを調整していきます。

体験の内容は、発送物の封筒詰め、一斉発送業務、車いす等の清掃、リネンたたみ、網戸の清掃、イベント準備の手伝いなどがすでに実施され、参加者自身から提案が寄せられ、新たにメニューが加わることもあります。

何よりも、少しですが謝礼を渡すことが、今まで意欲はあっても交通費負担のため参加を見送っていた方たちが自分の力で一歩を踏み出す後押しとなっている、と相談支援機関からは歓迎の声があがっています。また、体験を重ねることで次のステップに行けるきっかけを得た人、体験メニューが合わないことが体験してみてわかり、その人らしく輝ける道を見つける一助になった人など、支援機関にとっても本人にとっても有効な場となっていることがわかります。仕事をお願いしている事業所の職員も仕事への取り組み方を見直すきっかけになったり、参加者との出会いに学んだりとさまざまな発見や変化の生まれる場となっています。

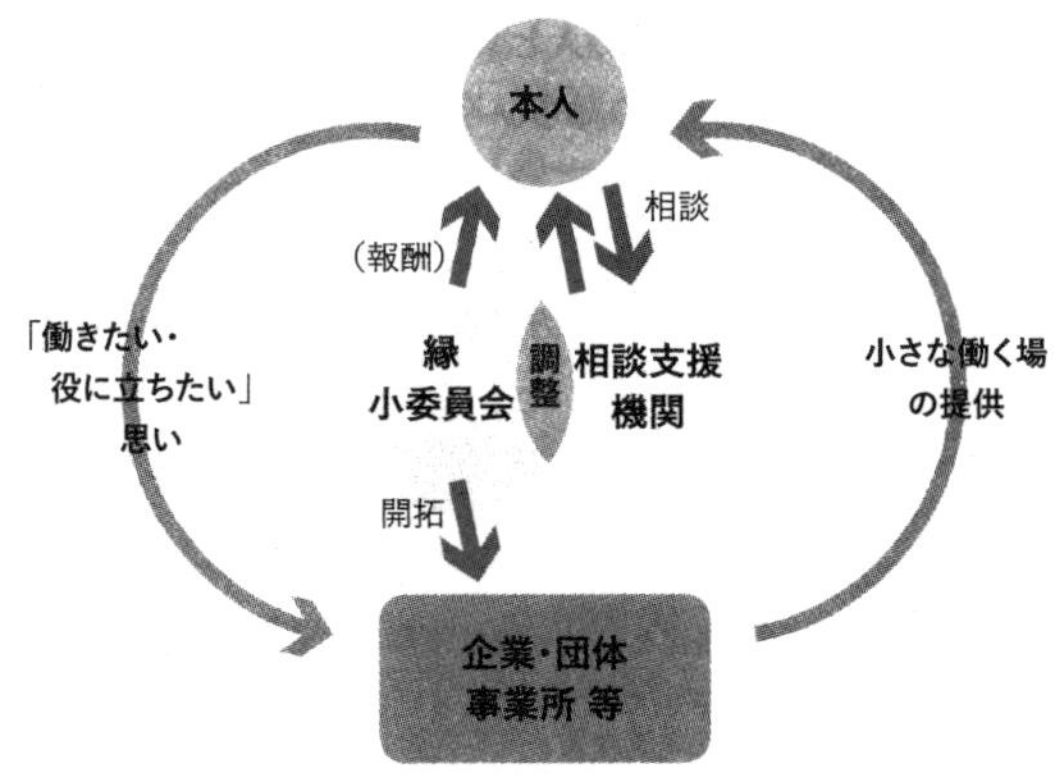

傍楽体験の実践の流れ

県内各地での実施をめざして

この取り組みを県内各地にひろげることが私たちの目標です。事業所も相談支援機関も最初は互いに少しだけ頑張ってみることで新たな関係がつくれるのだろうと思います。相談支援機関と「ちょっと手伝ってほしい」仕事がある事業所が顔の見える関係になるところまで進むと継続して実施でき、それこそ「三方よし」が成立しますが、事業所にとってはどんな人たちが来られるかわからないので不安、対応する職員に負担がかかると自分たちだけで仕事を片づけたほうがよいなどの声があります。地域のなかで福祉サービスの関係者だけでない人たちの理解と参加を得て、その人なりに働

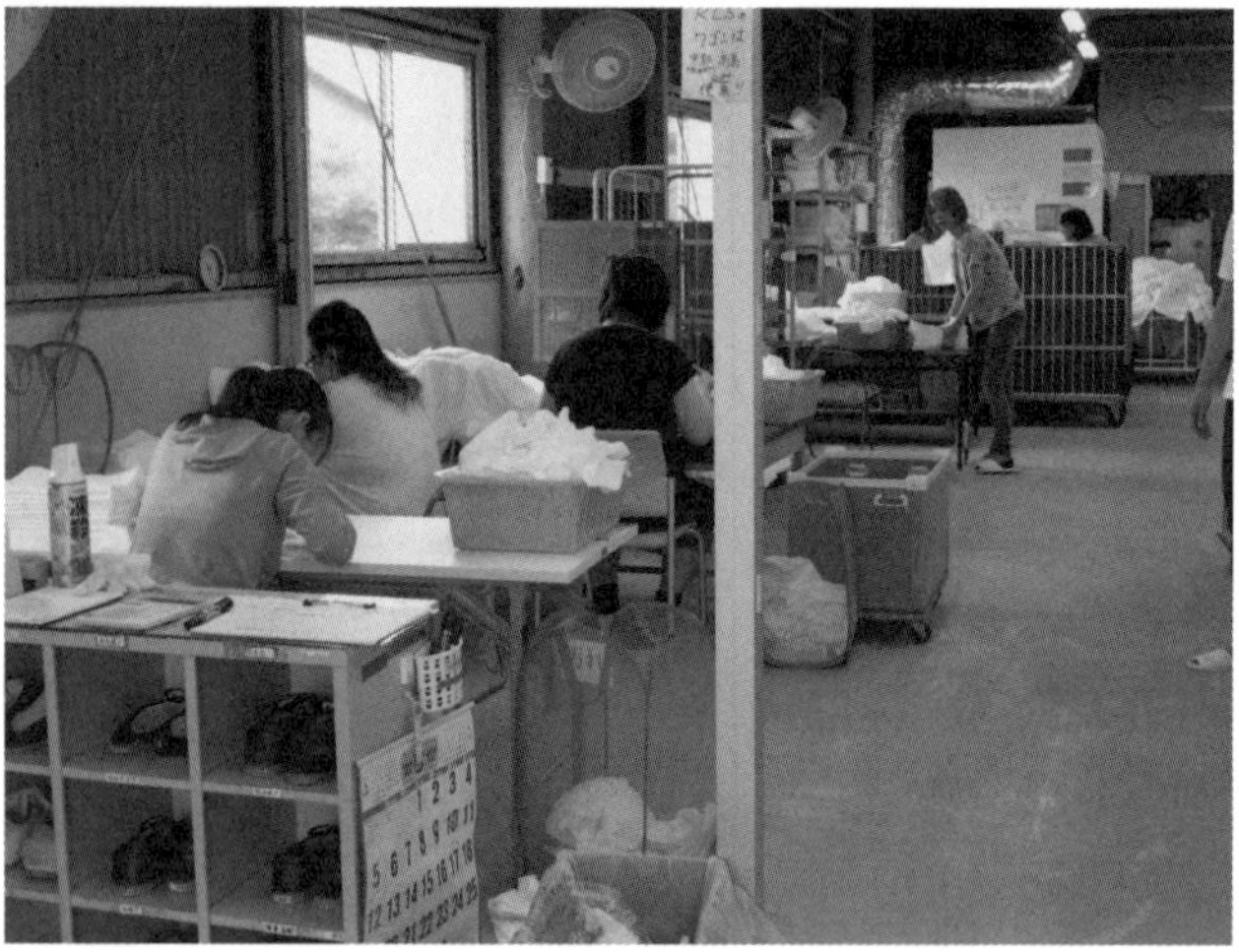

作業所の皆さんと共に作業中の体験者

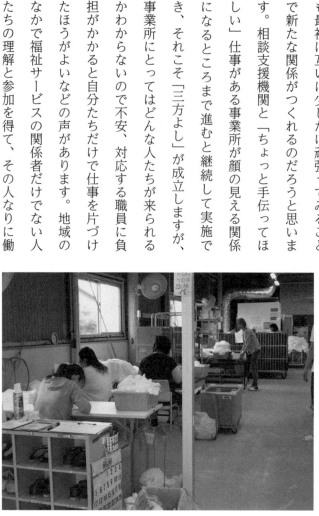

き暮らすという自立の支援を目的とした垣根の低いプログラムが広がっていくように仕掛けるコミュニティソーシャルワークの力量が求められる実践であると感じています。

メッセージ

城　貴志さん（働きづらさを抱える人の働く場づくり小委員会リーダー・滋賀県社会就労事業振興センター　常務理事）

私たちの小委員会は、働きづらさを抱えた人が地域のなかで活躍できる場をたくさんつくっていこうという活動をしております。人は一定の年齢になったら働くものだということで、誰もが学生時代を過ごした後に就職をするとき、葛藤や悩みがありながらもきっと人生の大きな節目である社会のなかで「働く」ことに至りますが、就職に戸惑い不安を抱えながら、なかなか一歩を踏み出せない、若年無業者といわれる方がたがおられます。その方がたの働く場をつくっていきたいという活動です。

人は、多分、誰かが待っているとか、誰かの役に立っているとか、誰かにあてにされているとか、そのような体験や場が生きていく力になっていると思います。小さくても地域のなかでそういう体験ができる拠点をつくることができればと考えています。

具体的な事例として、Ａさんのことを話してみたいと思います。お母さんから地域の若者サポートステーションの登録を勧められて五年ほど利用されています。いろいろな課題を抱えていると言われながら過ごしてきました。就職というところでつまずきをもちながら、今現在、若者サポートステーションの支援を受けながら、傍楽体験（小さな働く場）に来られます。正直なところ、Aさん自身に、自分は困っているという自覚・実感がないということもあります。

私自身が今、葛藤していることを話しますと、働けるようになりたいと思って傍楽体験に自ら来ている方は、きっとそのうち働けるようになっていくと思っています。実際、傍楽体験に来られた方のなかで何名かの方は就職されました。働くだけではなくて、ボランティアと一緒にお弁当を食べたりして、人との関わりのなかで傍楽体験をして、笑顔になって帰っていただいています。

一方で、ずっとこの傍楽体験を続けている方もいます。何年も、この体験だけではなくて、いろいろな体験をずっとずっと繰り返しているのですね。目標とするのは、決して、先ほど金子さんの話にもありましたように、「働くことだけをゴールにしない」というのは確かにそうだと思います。しかし、傍楽体験からなかなか次のステップに行くことができない方も実際いまして、このままずっとここに居ていいのかなとも考えるのです。

この傍楽体験を通じて元気になっていただいてはいるけれど、私たちは実際この人のゴールをどう設定したらいいのだろうと戸惑っているのも事実です。もしかしたらゴールを設定すること自体が不要なのかもしれませんが、ずっとこの傍楽に来るということでもないだろうと。正直言って葛藤している状況を報告させていただきました。

制度のはざまの課題へのモデル事業５

医療的ケアの必要な重度障害児者の入浴支援

縁センター設立準備段階の企画会議で、重度障害児者の在宅支援に取り組んでいる訪問看護ステーションの看護師と障害者自立支援協議会の関係者から縁センターで取り組みたい課題として提起されたのが、医療的ケアの必要な重度障害児者の家族と本人の地域生活の支援でした。

小児医療の発達等もあり、人工呼吸器や医療器具等を装着して自宅で家族と暮らしている重度の障害のある子どもが増加しています。しかし、日常生活では二十四時間体制のケアが必要であり、学校でも放課後児童クラブ、放課後児童デイサービスでも、看護師配置がないと受け入れてもらえず、参加のためには家族が付き添わなければならないのが実態です。「家でも外でも、看護師さんのいないところではずっと親がいないとだめなので、まったく離れられません。学校が休みになるとずっと付きっ切りです」という親御さんの声は深刻です。

在宅での入浴の困難は深刻

入浴については、本人の身体の成長、家族の高齢化とともに介護負担は大きくなり、一般家庭の浴室では入浴そのものが次第に困難になってきます。会議のなかで訪問看護師からは、在宅での入浴の困難さについて事例が出され、家族の介護負担軽減も必要であるため訪問看護で入浴ケアをしているが、家庭の風呂では環境的にも限界があり、湯船にまったく浸からせてあげられない人や、障害福祉サービスで訪問入浴を利用しても週二回から三回という制限のある自治体も多いという実態が紹介されました。

続けて、看護師は、「介護保険施設は県内各地にあり、たいていは機械浴をもっている。これだけの福祉関係者が集まっているのだから、お風呂に入ることが難しくなっている重度の障害児や障害者が障害福祉・介護保険という制度の枠を越えて、高齢者施設の風呂を使わせてもらって、入浴できないものだろうか」と提案しました。

これを受けて、入浴支援の企画を受け持つ小委員会は、現場で重度障害児者の相談支援に携わる職員と特別養護老人ホームの職員、社会福祉協議会の職員、訪問看護の関係者というメンバーで検討を始めました。重度障害児者とその家族が抱える困難については、関係者を越えた課題の共有がほとんどできていなかったため、県内各地の実態と障害福祉サービスの仕組み、現行制度のはざまの問題について明らかにすることから始めました。

数回の課題共有の後、具体的なモデル事業のプランづくりに取りかかりました。縁センターモデル事業としては、地域の社会資源を活用した入浴サービスを実現することにより、重度の障害のある人の生活を社会的に支援する実践を広げることを目標としました。他の実践にも共通することですが、会議では何度も、「現行の制度ではできないことを何とかしようとしているのだから、これは無理とあきらめずに制度の枠を越えて企画立案しよう」とメンバーから代わるがわる発言があり、「何かできるのではないか」という積極的な空気がありました。

福祉の分野を越えた協働が始まる

障害福祉関係者だけでなく介護保険サービスの関係者にこの課題について実態を知ってもらい、協力者をつくっていくことが不可欠として、種別協議会の総会や福祉圏域での会議では必ず進捗状況を報告し、入浴に関する地域資源を有している老人福祉施設協議会、社会福祉協議会の介護サービス事業所、そして看護協会については組織への具体的な協力依頼を行いました。その結果、ありがたいことに施設の近隣で必要としている人があれば機械浴を使ってもらっていいですよ、と多くの事業所から協力の意向が得られ、力強い仲間を得ることになりました。

モデル事業にかかる関係機関の連絡調整は、県の障害者自立支援協議会と利用者の相談支援専門員、そして縁センター事務局が担いました。事業にかかる経費は、将来の施策化も鑑み障害福祉サービスや介護保険サービスの報酬単価を基準にして制度外サービスの単価を設定し、入浴設備を提供する縁センター会員の高齢者施設には原則光熱水費のみを支払うこととしました。財源は縁センターの基金です。

さて、スタートまでには実施に向けた相談支援の調整が必要です。障害者相談支援事業所の相談員にとっては、入浴の困難を抱える当事者家族に新たな働きかけをすることになるため業務は増加します。しかし、最も重い障害を抱える人とその家族への支援を少しでも広げようという責任感や使命感から動き出しました。もう一つの大きな課題は、訪問看護、居宅介護ともに需要に対してサービス供給が追い付いていないということでした。この課題を克服して、縁センター発足から一年で四名の利用が始まることになったきっかけは、モデル事業を利用して入浴したいと手をあげられた家族と本人に会い、生の声と抱えている問題に接した地域内の訪問看護ステーション、居宅介護事業所の管理者の決断でした。困難を抱える家族の姿を関係者が共有するなかで、地域の専門職支援者としての責任を自覚し、行動へと動いたのです。具体的な人の姿が見えてくることにより支援の輪の広がりや新たなつながりが生まれてきていることを感じます。

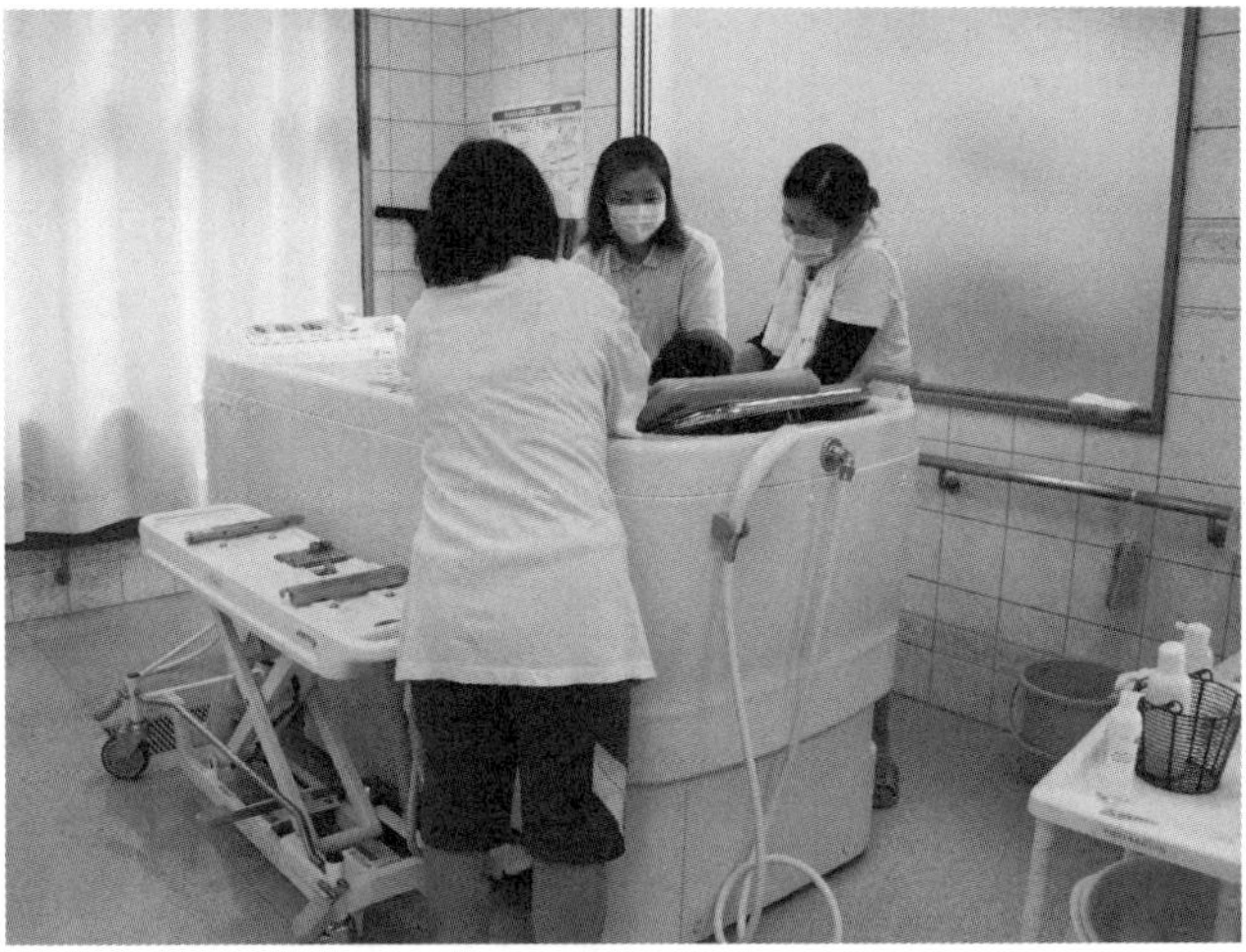

特別養護老人ホームの機械浴槽で地域の子どもが入浴

入浴設備の提供をしている特別養護老人ホームの施設長は、どなたも、「空いている時間なのですから気兼ねなく使ってください。施設は地域の人のためのものですから」と言ってくださいます。協力を申し出る施設がなかった地域で困難を抱えている人がいることがわかり、施設長に相談をもちかけると、「縁センターの会議にはなかなか出られていないが、困っている住民さんに対して自分たちのできることで役に立つのなら」とすぐに応じてくださいました。市町行政の担当課からも地域生活支援事業のサービスメニューを見直そうというニーズ本位の対応が出てきました。

制度化は容易ではないが理解は着実に広がりを

縁センターモデル事業として地域共同ケアの方法で入浴支援に取り組みを始めて四年目となりました。入浴支援は学校や通所が終わってからの時間帯ということもあり、お風呂は借りられても居宅介護と訪問看護のスタッフが配置できないという深刻な問題は解消されていません。そんななかで、かかわる看護師との相談から、「家庭での訪問看護で看護師一名のケアで入浴ができる状態の方ならば、地域住民の方にボランティアとして協力をしてもらい、入浴中の声かけやふれあいで安心感や楽しさをつくっていただいたり、浴槽まわりの準備や後片づけ、着替えなどの際のちょっとしたサポートをしてもらえるのではないか。看護師一名が確保できればサービスが実施できるのではないか」との提案があり

入浴を通じて青年と親御さん、看護師、ヘルパーらがなじみの関係に

ました。

新たな展開です。どの方にも適用できることではありませんが、一人のモデル事業利用児童については地元の社協がボランティアグループに働きかけをして、「私たちにできるかしら。できることなら応援するわ」というグループがさっそく試行的に活動を始めてくださることになりました。皆が安心して入浴サービスを実施することができるように、専門職とかかわる人、そして利用者家族が相談しながらの取り組みが始まりました。

この課題は国の医療制度、福祉制度にかかわることであるため、制度化への道のり

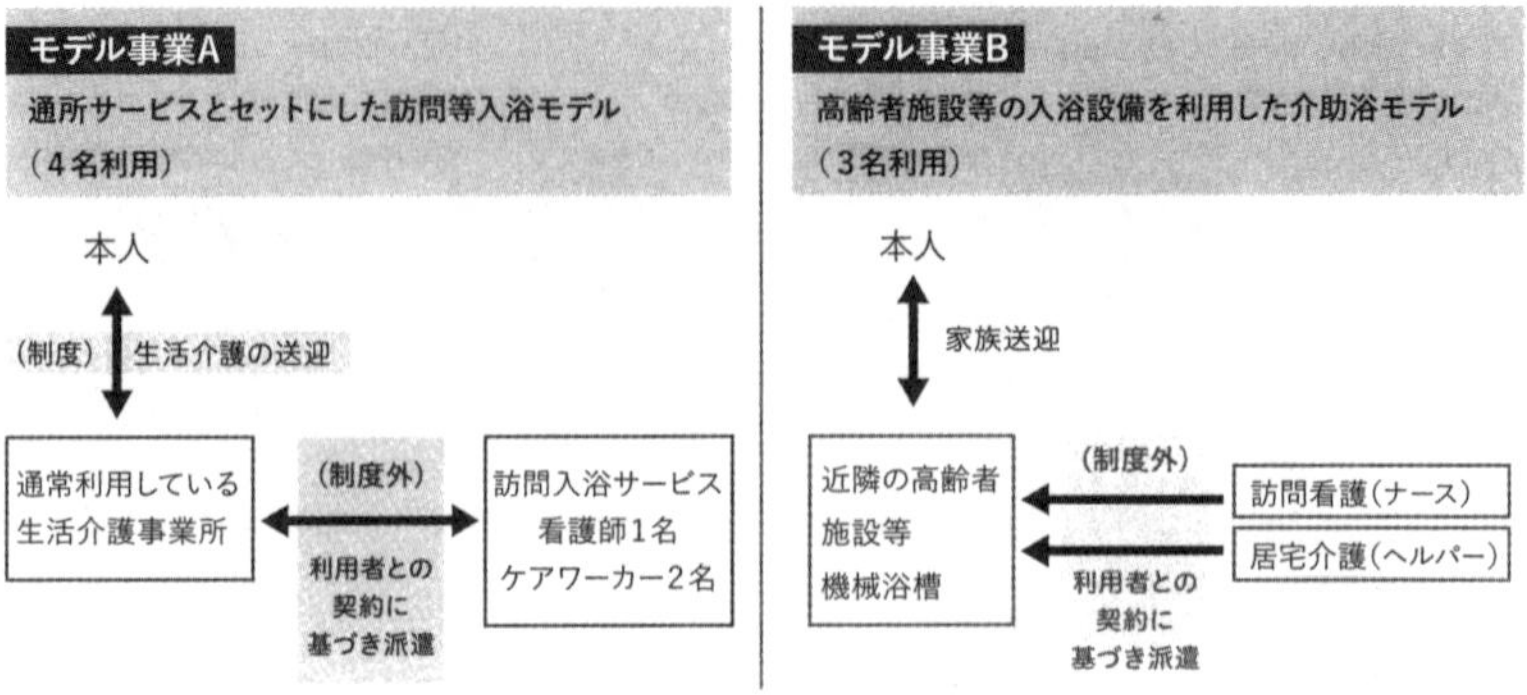

2つの方式でモデル事業を実施

は容易ではありません。しかし施設入所ではなく在宅での生活を継続したいという家族の願いに応え、本人と家族の地域社会での人とのつながりを豊かにし、生活の質を保障していくために、モデル事業の効果を実証し、制度の枠を越えた地域内協働による支援体制の施策化に向けて残された期間、精一杯の取り組みを続けたいと考えています。

メッセージ

中島秀夫さん（制度横出し運用改善小委員会リーダー・滋賀県障害者自立支援協議会事務局長）

医療的ケアを必要とする重度障害児者の入浴支援について話します。今回の事例は、生活保護を受給しているひとり親家庭に暮らす超重症児兄弟で、在宅で暮らす重度の心身障害者の方がたの入浴課題、生活課題についてがテーマです。

地域で暮らしている重症心身障害の方がたの課題は本当に生活全般にわたってさまざまで多岐にわたります。そのなかで入浴ということを取り上げたのは、県の障害者自立支援協議会で実態調査をしたことがあり、その結果のなかでダントツに高かったのが、家族の入浴の介護負担でした。また支援者からも「制度のはざま」のニーズとして意見が多かったということで入浴の課題を取り上げたということです。

本当に家族総出の応援で入浴されている方がたがいるのです。しかし家族だけではやっぱり限界があって公的サービスを使っているのですが、公的サービスの限界もあり、入浴が困難になってきている人も多くおられるという状況になっています。特に幼少期は、抱えて浴槽に入るということが可能なのですが、やはり成長すると、自宅の入浴環境では複数の方で介護しながら入るということができない方がたは、自宅外で入浴をしたいというニーズもかなり高まっていると感じています。

このような背景もあってこの事業はスタートしました。縁のモデル事業の特徴でもあると思うのですが、県の老人福祉施設協議会の縁会員の実に多くの方がたが、障害のある人の深刻な困りごとに対して入浴設備を提供したいということで手を挙げてくださいました。これは縁ならではと思いますし、さらにこれからの社会福祉のめざす方向である分野を越えた取り組みに向かっている、そんな一つの形でもあるのかなというふうに思っています。

しかし残念ながら、例えば送迎がネックになったり、あるいは高齢者施設に訪問看護師、あるいは介護福祉士を派遣して入浴する場合、制度的には自宅と限定されているものですから、制度外で取り組んでいるということになります。重症児者の生活実態は少数者の問題ですので、地域の方がたには理解しにくいことだとも思います。そういうことから、小委員会で話をして、もっと伝えていこう、関心をもってもらい、声を大きくしていこうとフォーラムも開催しました。こういう形でどんどん多くの方がたに課題を知っていただいて、この取り組みを何とか制度化に向けていけるようにチャレンジしていきたいと思っています。

3 「縁・共生の場づくり」リーディング事業 ―遊べる・学べる淡海《おうみ》子ども食堂

縁センターが遊べる・学べる淡海子ども食堂推進事業を創設したのは二〇一五（平成

二十七）年の春です。子ども食堂という活動は、子どもを真ん中において、「おめでとう」から「ありがとう」まで世代を越え、世代をつなぎ、地域の住民が地域のなかでさびしい思い、しんどい思いをしている人のことを皆んなのこととして連帯できる地域をつくるプログラムである！　これはまさに縁センターがめざす縁・共生の場づくりのリーディングとなる実践だ、ということで事業を始めました。

ありがたいことに県内には私たちと同じ方向性をもって子ども食堂をつくっていこうという方たちがいて、推進のためのさまざまな働きかけをする遊べる・学べる淡海子ども食堂推進プロジェクトチームができました。市町社協の職員、社会福祉法人の職員、県職員そして子ども支援のＮＰＯのスタッフがプロジェクトメンバーとなり、滋賀県の子ども食堂は何を大事にするのか、こういうやり方しかないのではなく、誰のために、何のためにという方向性と、食堂なのだから食卓を囲んでごはんを食べること、そして子どもが地域の大人と出会い、遊んだり、学んだりすることを通して、つながりと育みの場をめざそうと考えたのです。

東京や大阪ではすでにいくつかの子ども食堂が運営されていましたが、私たちはあまりそれを意識することなく、まずは県内で開設してみよう、そして皆であれやこれやと意見を出し合いながらよいものにしていったらいいなと、これもまた楽観的に始めることになりました。準備期間はあまりありませんでしたが、何人かのプロジェクトメンバーが自らの団体でやってみようとそれぞれの法人に持ち帰り、開設に向けて動き出しました。給食がなくなり、親御さんの忙しさの影響も受けやすい夏休み中の開設が目標となりました。夏休みまで二か月もありませんでした。

こども食堂は地域の連帯をつくる活動

子ども食堂は地域の連帯をつくる大事な活動です。子どもの孤立や困窮は親の責任と言ったところで、子どもが不幸のままで大事な子ども時代を過ごすことになれば、何もしてやれなかったと悔やむことになります。無縁社会が広がる今だからこそ、縁センターが推進役となって子ども食堂という活動を県内津々浦々、子どもにとって身近な地域に子ども食堂ありというくらいつくっていこうとなり、開設準備講座や立ち上げへの相談支援、そして励ましの意味を込めて、立ち上げ期の経費助成を具体的に始めました。

市町社協と県社協のコミュニティワーカーのていねいな支援や働きかけとお金の力で、

「やってみたい」「地域で取り組むことに決めた」という声が次々にあがり、県内での見学会や交流も効果をあげて三年目の二〇一七（平成二十九）年夏には七三か所のこども食堂が運営されています。

「遊べる・学べる淡海子ども食堂」の推進

①年間七回（各福祉圏域）の開設準備講座
②立ち上げ支援の交付金（一年目二〇万円、二年目と三年目一〇万円）
③実践者研修会や交流会
④他地域での食堂の見学やミニ学習会の応援
⑤さまざまな〝県民さんの善意〟が食堂に届くようにコーディネート
⑥推進にかかわる職員の研修会　など

地域のボランティアの輪が広がる

遊べる・学べる淡海子ども食堂の運営者は、学区や地区社協、まちづくり協議会、自治会のボランティアグループ、有志のグループ、高齢者福祉施設、保育園、障害者施設と多様です。「子どもたちにとって大事な活動やと思って始めるんやから、途中で投げ出したらあかん」「ごはんつくっている側がけんかしていたら、子どもにも伝わる。皆が楽しい気持ちでやらんとあかん」「せっかくの活動で食中毒出したら何にもならへん。一人ひとりが心がけよう」。

こんな話し合いがそれぞれの地域であります。食堂が終わった後は、スタッフで一休みしながらちょっと振り返りです。「ごはんよそうだけやなくて、子どもにも大人にも一声かけるようにしよう」「ワンコインのごはん代がもってこれへん家もあるかもしれへんなぁ。民生委員さんと相談してみようか」。こんなふうに心のこもった会話が増えてくるそうです。「スーパーで買い物中の親子に出会ったら、子どもが私のことを『あっ食堂のおばちゃんや』って。そこから親御さんともひと言ふた言会話が生まれるんやわ。地域のつながりやねぇ。会話できる人が増えていくってええねぇ」。

デイサービスだんらんの家南草津が運営する「だんらんの家子ども食堂」

運営の継続への工夫もさすが地域づくりの当事者の方たちです。「子ども食堂のボランティア一緒にしてみない？ってお店で出会った人に声をかけて、ボランティアとして参加してくれる人が増えてきたのよ」「地域で子ども食堂しているということがだんだん知ってもらえてきて、家でつくっている野菜を届けてくださる方が増えてきたわ」「買わないとあかんのはお肉だけやわ」といった声が聞こえます。

緑センターによる立ち上げ支援の交付金は最大三年なので、このボランタリーな共生の地域づくり活動の運営費をどうしていくかについては、当初から見通しをもって取り組んでいる食堂が大半ですが、地域の住民組織ではない有志のグループは継続的な応援を求める声をあげています。

緑センター五年間の活動終期後の展開

設立時に決めた緑センターの活動終期まであと一年半となった二〇一七（平成二十九）年八月、滋賀県社協は、緑センターから生まれ、大きく育ってきた子ども食堂等を、「子どもを真ん中においた地域づくり」の大切な実践として、その活動を支え、広げ、滋賀はどこにいっても地域のなかに子ども食堂があって、住民がつながっているなと思える地域をつくっていこうと決めました。「子どもの笑顔はぐくみプロジェクト」と名づけた滋賀県社協の新たなチャレンジです（終章一八九頁参照）。

「湖北こども食堂Liaison リエゾン」の食卓

子ども食堂が子どもや地域を分断しては何にもなりません。子ども食堂のかたちは多様でいいのだと思います。一つ大事なことは、さみしい気持ちの子ども、しんどい気持ちの子どもが、ここはうれしい場所や、次も行きたいなって思える食堂。あそこに行ったらぼくのことを名前でよんでくれるおっちゃんがいてはるねんって笑顔になれる食堂。滋賀の子ども食堂は、福祉のサービスではなく「無縁社会にはしないぞ」という地域の人びとの心づくしの活動として、地域のどの子も、この場が好きやと思う子皆が来られる食堂、ここに来て子どもらとカレー食べたら長生きできるわって高齢者の方も大笑いできる食堂でありたいと強く願っています。

メッセージ

安武邦治さん（遊べる・学べる淡海子ども食堂推進プロジェクトチーム・社会福祉法人グロー人事課長）

二年前にこのプロジェクトが立ち上がり、現在のところ県内に六二か所（二〇一七年四月現在）の食堂が活動しています。それぞれの実施団体の特徴や強みを活かしながらいろいろな展開をしています。私ども法人の老人ホームながはまで行われている子ども食堂の写真を見るとみんなニコニコとして、私は奇跡の一枚とよんでいますけれども、こんな感じでやっています。

大切にしている四つのことがあります。①子ども一人ひとりを大事にする場所として、②子どもを見守り育む地域の応援団づくり、③子どもが遊びや学びを通して育まれる場所をめざして、④さみしさやしんどさを抱える子どもが来られるように、というものです。これらを基本におきながら子ども食堂をやっていますが、やはり実施していくなかでいろいろな課題や悩みが出てきました。

一番は、何と言いますか、情報が入ってこないことが大きいかなと思っています。地域に根ざした老人ホームを運営しているのですが、その子ども食堂に集まってくる子どもたちの情報ははっきり言ってゼロに等しい。情報が全くない状況なのです。そういうなかで、子どもの対応をしていく難しさを感じています。一例を申しあげますと、以前、中学生が来てくれていました。その子はちょっと言葉遣いが乱暴であったり、行動のほうもちょっと荒っぽかったり、男性のスタッフに対してひっついていく、やたらとなんかくっついていくというところが見受けられました。けれども、その子に関する情報というのは一切ない状況で対応しておりました。その子はのちに子ども食堂に来なくなったのですけれども、なかなか情報がないなかで支援していくのは難しいなと感じたところです。

もう一つ思っているのが、子ども食堂は今、月に一回の開催なのです。その月一でいったい子どもたちに何ができるのだろうかということと、本当に子どもたちにとって心地よい場所になっているのか、そしてまた、子ども食堂を必要とする子どもが来ているのかどうかわからないことが悩みでした。それ以上に、しんどさや寂しさを抱えた子どもが来たときに、それにちゃんとしたアプローチができるスキルを私たちが身につけているのか、スタッフのなかでいつも議論をしています。

しかしながら、子ども食堂を続けていくことによって、本当に必要としてくれる子どもが来てくれて、その子たちが前向きに明日を歩んで行けるように支えていくのが私たちの使命ではないかなと思っています。

こうした社会福祉施設を利用し福祉の職員が携わって行っていることの意味をもう一度考えたいと思っています。福祉に携わる者として、そのプライドと責任をもって、私も子ども食堂に取り組んでいけたらと思っています。

4　県社協職員もコミュニティワーカー

縁センターのこれらの実践が現場の気づきから生まれ、何度も見直しをしながら普遍化をめざしてさまざまに展開しているなかで、県社協のスタッフはどのような働きをしているのでしょうか。筆者は、ここに県域でのコミュニティワークがあると実感しています。それも、これまで一緒に仕事をすることのなかった人たちとの仕事や、縁センターの五年間の目標が明確にあるなかでの仕事です。実行委員会などの形は組むものの、ほぼ社協の職員だけで企画も運営も行うという、〝事務局社協〟と揶揄されるような動き方は縁センターでは通用しません。暮らしの現場にいる福祉関係者が〝自覚者が責任者〟として小委員会やプロジェクトチームに参加しているのです。事務局主導ではなく、現場で困難を抱えている人に向き合っている支援者一人ひとり、そのことを放っておけないと動き出した法人や団体、事業所と共に考え、行動していくことが事務局である県社協スタッフには求められました。

さて、どうしたものか。社協での経験も社会人経験も少ない若い職員らはもがき、苦しみながら、うれしい場面やうれしい言葉に励まされてここまでやってきました。小委員会の担当には正副二名の職員がついていています。現場からの気づきをひろいあげ、企画し、実践までもっていくのが小委員会の役割で、その親方はリーダーです。県社協ワーカーの戸惑いの一つは、県社協事務局内だけでいくら方向性や具体的な進め方を相談しても、それでは縁の実践は進まないということでした。進まないどころか、小委員会のリーダーからは、「県社協の職員だけで進めるんやったら縁でやっている意味がない」と言われます。

先にも述べましたが、縁センター設立時にさまざまな関係者から「こういう取り組みは県社協本来の仕事と違うの?」という意見が出され、それに対して、県社協もこれまでやれてこなかったことを自覚し、当事者意識をもって主体的に動いていく、同じ思い、志をもつ福祉関係者も当事者として主体的に動いていく、そういう共に動き、創りあげていく実践スタイルが今、滋賀にとって必要なのだという強い意志から縁センターは始まりました。縁センターの本質は事業を実施することではなく、分野や立場を越えた共感と協働による創造実践の仕組みにあるということを、小委員会のリーダーたちは見事に理解され、県社協の職員にそれを教えているのでした。

現場からの気づきや、さまざまな意見、提案は小委員会のメンバーに入ってくることもありますが、まず事務局に届くことがほとんどです。それを、リーダーにどうしましょうと丸投げしていては、「何のために県社協があるんや」と厳しくも温かい言葉が返ってきます。担当ワーカーはこれをどういう段取りでどうしたらいいのか、自分なりの考えをもって、かつ簡単なメモにまとめてリーダーに相談をします。そのプロセスをサポートするのは県社協内の同僚や上司です。また、リーダーとだけ相談していては小委員会を設置している意味がありません。メンバーはそれぞれの所属職場で多用な日常を過ごしています。共有したり、相談したりするためには、誰と、いつ、何をどのようにするのか考え、また、ここでもプランを描きながら、場合によっては訪問し、また小委員会の会議を開き、という動きをしていきました。

縁のモデル事業はどれもニーズに具体的に対応しようとつくってきたものなので、見直しをしながら取り組みを広げていくことが重要となります。地域での新たな展開をどうつくるか。誰と誰に働きかけて、いつの段階で地域内での関係者会議をもつのか。県というエリアでの活動ですが、何よりも大事なのは地域での協働体制をつくることです。市町社協が共に動いてくれるように課題の共有をていねいにして、地元の関係者同士が新しいつながりをつくり、「この事業は大事やな、地元の住民のために何とかしていこう」と主体的な動きとなっていくように、共感の空気づくりとでも言うべき動きをしていくことも大変重要な仕事です。地元主体の協働体制をつくり、その動きを県内の他の地域にも伝え、同じ方向で実践をする関係者同士が交流し、うまくいっていること、問題となっていることを共有し、改善へのヒントを積み上げていくことも県域ワーカーの大事な働きです。まさにコミュニティワーク！　縁センターの事務局担当には、こうしたコミュニティワークの働きと力量が求められたのです。小委員会のリーダーの方たち（親方と呼びたくなります）は、社協ワーカーではありませんが、何でこんなに私たち社協の仕事がわかっているのだろうと思うくらい、事務局担当の動きを見ていて、ときどき、ぐさっと「しっかりせえよ！」という励ましの言葉が届きました。

縁センターの活動は県社協ワーカーにとってどのような意味や価値があるのか。私は、困りごとを抱える人に向き合っている現場の人たちから出てきた「何かできるんじゃないか」「何とかしたい」という気持ちに即し、その具体化に向けて共に動く仲間をつなぎ、目標を決めて実施していくという仕事のスタイルをたっぷりと身に付けられること、何よりもこのことが県社協ワーカーにとっての価値なのだろうと感じています。前例の踏襲はできません。「仕事が増えるから」とニーズに向き合わないワーカーは要りません。優先順位をつけて、仕事を整理して、ニーズに向き合い、それに応えようとしている現場の人たちと相談し、一つひとつ志を具体化していくこと。縁センターの事務局担当という仕事は、県社協ワーカーが育てられ、育ち合えるとても大切な機会でした。

第3章

無縁社会を打ち破る！
縁センターのこれからの挑戦

1 福祉従事者にとっての縁センター

自覚者が責任者

「自覚者が責任者」は魔法の言葉ではありません。縁センターの活動が始まったころに「自覚したら自分でやらなあかん、と言われたらきついやん」と言われたことがありました。「でも自覚したらなんかやらなあかんのと違うんか」とも言われました。「自覚者が責任者」は縁センターに集《つど》った福祉従事者の志であり、仕事のスタイルですが、この志が日頃の実践をつくっていると、それこそ〝自覚〟している方ばかりではなかったはずです。縁センターの会員として実践するなかで、この志、そして仕事のスタイルが、自分が福祉従事者として大事にしてきたこと、大事にしたいと思っていたことだと〝自覚〟した方たちが、広がり、つながり、またそこから広がっていっていることを感じています。

縁センターは組織や新たな事業をつくることが目的ではなく、新たな福祉の実践のスタイルの創造を目的とした活動であり、その実践のスタイルが、滋賀の福祉を充実させていく継続的で普遍的なシステムになっていくことをめざしています。

縁センターの実践にふれた、会員ではない事業所の福祉従事者が、いわゆる〝お役所仕事〟（行政的な仕事の仕方を揶揄する悪い言葉ですが）ではない、本物の福祉を感じて、ものすごく励まされたという話をしてくれました。他県から視察にこられた社会福祉法人の役員は、社会福祉法人の地域貢献について話をするとお金の話が先に出てくるが、縁センターの実践から福祉の魂《たましい》を感じたと感想を話されました。県の福祉部局の職員も志を同じくしてがんばっています。縁センターから生まれた実践を普遍化する仕組みをつくるのは自分たちだという自覚がそこにあるのです。なんと心強い仲間であることか。

地域住民や福祉従事者の気づきが力

子ども食堂を運営されている地域住民は〝私たち地域の課題〟に気づき、「私たちにできるかしら?でもやってみたいわ。子どもたちのためにやってみましょう」と動き出しました。私たち福祉従事者も〝私たちの地域に暮らす人びとの課題〟に気づき、動き始めました。これまで同じ事業の関係者のなかだけで苦労してきたことを外に開き、理解し応援してくれる外の人との縁に励まされて自分たちもこれまでより仕事の幅を広げていった福祉従事者。子どもたちの成長、涙が出るほどうれしいエピソードの数々が、がんばった仕事の結果です。「社会福祉法人だから地域のために貢献を」と言われて、「本業が貢献だ！」と思いながらも、さびしさやしんどさのなかで生きる子どもたちが身近な地域にもいるのだという話を聴き、「私たちの施設もできる範囲ではありますが子どもたちのためにやりましょう」とすぐに法人として動き出した施設長。「頼まれたからする」ではなく、主体者として「これでいいのだろうか、子どもたちのためになっているのだろうか」とPDCAサイクルで事業の総括・改善をしっかりと実施されています。縁センターに協力しているという気持ちでかかわり始めた相談支援従事者の方たち。長い間制度やサービスをどう使いこなすかというスタンスで仕事をしてきたなかで、「制度やサービスが使えないからといって相談員があきらめていたら、本当に困っている人はつらいままではないか」「少しずつでもできることを出し合い、協力してくれる仲間によびかけ、○○さんの支援ユニットのようなものから始めたらいいのだということが自分のなかにストンと落ちた」と話し、頼もしい限りの動きをしています。

「やってみたからこそわかった」自覚者が責任者という実践スタイル。福祉従事者としての自分自身の仕事のやりがい。共感できる仲間と寄り添い合い新たなものをつくっていくことの楽しさ。それらはすべて、目の前の支援を必要としている人たちとともにあります。
縁センターの小委員会リーダーの三人が第2章でも紹介した「平成二十九年度 つながりひろげる縁フォーラム」で話された言葉で、福祉従事者にとっての縁センターの存在意義を伝えたいと思います。

◆山本朝美さん（要養護児童の自立支援小委員会・リーダー）

先生方（辻哲夫さん、湯浅誠さん、上野谷加代子さん）のお話を伺いながら私自身が思ったことは、実は子どもを介して、支援する大人たちがご縁をいただいていたのだということです。それはとても強く思いました。そして、縁センターができ、新たな取り組みを始めたことによって、私たち自身が、子どもたちに今までいかにご縁をつないでいなかったかということも感じています。

もう一つは、私たちは子どもたちに、やはり自立後にきちんと生きていってほしいのですよね。もう、本当に、こうしてほしい、ああしてほしい、だから今これだけの力をつけなければあかんなどと、そうすることが私たちの役割なのだということで、がむしゃらに向かっていたのですが、ハローわくわく仕事体験の協力企業になった中小企業の方がたの発する言葉によって目を覚まされました。「字が書けなかったり字が読めなかったりする子、じゃあそれでできる仕事を選べばいいんや。発達障害を抱えた子どもさん、知的障害を抱えた子どもさんやったら、その人ができる仕事を企業が探したらいいんや。できないから雇用しないいんじゃない、できる仕事を探してやったらいいんや」。

この言葉で、まさに核にあるのは「子どもが主人公だ」ということを、当たり前のことなのですが強く気づかされたのです。

ですから私たちとしては、この縁の取り組みが職員にご縁をつくってもらい、もう一度まっさらな気持ちで、子どもが主人公だということをしっかりと心に捉えて進んでいきたいと思っています。これが難しいとかあれが困難とかいうもっと手前で、いい取り組みにめぐり合わせてもらってよかったという喜びのほうが強いということは言えるかなと思います。そうは言っても湯浅先生もよくご存知のように、社会的養護を出た子どもたちの自立後の姿は本当に困難です。しかし、一〇〇点ではなくても、一点でも一〇点でもいいから、その人が幸せだなと思えることをつくっていきたい。皆さまと手を組みながら、ご縁のなかで教えていただきながら、困難に向かっていくのだろうなと覚悟を決めています。

◆日比晴久さん（居場所づくり小委員会・リーダー）

先ほど先生方がお話してくださったことで、救われた感がすごくあります。特に、本当にやってみなければわからなかったというのは、我われが動き出すときも同じように言っていたのです。もう不安なことを考えたらきりがなくて、「子どもがけがしたらどうすんねん、何かトラブったときどこが責任をもつんや」などと言っていたのですが、「まあ、とにかくやらな分からんし、やろう」と始めたのです。やはりやったなかで本当にいろいろ見えてきたことがあって、これは何とかやれるのではないかということもたくさんわかりました。一方で、親へのかかわりの難しさという壁にぶつかりました。これも自分が動いてみないとわからなかったことかなと、お話を聞いてあらためて思いました。

話しのなかでは、親の支援が十分にできなかったと言っていたのですが、これは、私どもはもともと高齢者の施設ですし、私自身が高齢者福祉しかやってこなかったなかで、児童を迎えるにあたってはスクールソーシャルワーカーや保育士に来てもらいました。他分野のプロの力を借りていたわけです。今思えば、親支援についても、親を支援してくれるプロの方にもっと頼ってもよかったのかなと思いました。こうした経験を次につないでいきたいなと考えています。

やってきて本当によかったのは、いろいろなところとつながれたことです。これはとても大きかったです。常々、私も、それから一緒にやっている職員も言っているんですけれど、「私たちの仕事は高齢者福祉の分野だけれども、高齢者福祉だけをやるんじゃないよ。僕らは社会福祉をやるんだよ」ということをもっと意識をしていかなければならないと思っています。

◆金子秀明さん（ひきこもり等支援小委員会・リーダー）

私は、この滋賀という土地にあこがれて来ました。辻哲夫さん[1]が川上雅司さん[2]たちと一緒に障害者福祉計画をつくり、福祉圏域構想をつくってくださった。そしてわれわれの先達、糸賀一雄先生、池田太郎先生[3]たちが、誰をも排除しない社会をめざして、「この子らを世の光に」というものを唱え続けて、その実践は引き継がれてきました。

しかし、そのような経過のなかで「ひきこもり」という言葉を考えていきますと、働いていないということだけで、これほど彼らが苦しまなければならない、これほど負い目や自己肯定感のなさ、「どうせ俺は……」という言葉に苦しめられなければならないのか。行きつくところは、それぞれの命の存在の意味ということであって、私たちはそれにどう実践で答えていくかということだと思っています。

私は、この縁という取組みを始めてすごくよかったなということがあります。今、障害福祉の現場はサービス給付制度になって、実践のなかに占める事務的な時間が非常に増えました。請求をしたり記録を書いたり、当然それぞれ大事なことなのですが、いつからか、実践というものがこなせないとか、回せないとか言われ始めました。特に個別支援計画の作成が位置づけられてから、こなしたり、回したりということが優先されなければならない局面も出てきました。だからこそ、こなしたりしてはならない。寄り添って、その人の生きてきた道というものを一緒にふれてみることが大切です。そういう縁での実践をするなかで職員たちが明らかに変わってきました。実践の質やスキルが非常に高くなりました。言葉ではなく身体で安心感を示すケースワークができる職員が育ってきました。これは私たち法人にとっての財産でありますし、きっと地域にとっても財産だと思います。縁がなければ、私たちはやはり事業のサービス対象者に、いかに質の高いサービスを提供するかということを第一課題にあげていたかもしれません。そういうなかで法人の使命として、今、地域を、目の前の事業の対象者だけではないものを見ようとする、そういうものが少しずつ萌芽しようとしています。

簡単に解決できない問題ですが、糸賀先生たちが理念を唱えた時代、そして実践を創られてきたことを思えば、これからずっとずっと後に、また違う実践やシステムができあがっていくのではないかということもあらためて感じました。

2　「我が事・丸ごと地域共生社会」は現場でつくる、現場がつくる

縁センターの実践、三つの形に見えるもの

今、私たちは、縁センターがつくってきたものをどのようにしていくかを考えています。何を残す必要があるのか、どのような形で残すのか。本当に必要な機能や実践ならばそれが継続する形、つまりシステムにしていかねばなりません。縁センターがつくってきたもの、つくりかけているものとはどのようなものなのでしょうか。

縁センターがつくってきた実践には三つの形があると考えています。一つは、「淡海子ども食堂」に始まる共生の地域づくりの実践、もう一つは、制度のはざまにある課題に対する実践、そして三つめは、分野や組織を越えた連携・協働による実践です。

これらの実践が生まれてきたプロセスに着目してみると、ここにはまさに今の福祉が必要としている「我が事・丸ごと地域共生社会」が姿勢としてしっかりとあり、それが自分たちのものになってきていることを実感します。ひきこもり支援に関係する行政と民間の担当課や部門、機関が、「ひきこもり」という状態に陥る背景に焦点を絞って運営会議を

している「甲賀・湖南ひきこもり支援〈奏〉」からは、深刻な生きづらさを抱えた人への包括的支援の実際がくっきりと見えてきています。福祉・医療・保健の専門職がそれぞれのアプローチの方法を出し合い、同じ仲間としてアドバイスをしたりするなかで、圏域内の資源が本人の周りに点在していることがわかり、それらの資源がバラバラのままでなく緩やかにつながっていく方策をつくるなどの動きがどんどん出てきています。フリースペースや児童養護施設等の子どもたちの社会への架け橋づくり事業からも、我が事として自覚した人びと（民間、地域、行政の専門職や住民、企業など）が子どもを真ん中においた地域包括ケアシステムを形成しつつある様子がここでもくっきりと見えてきています。

人を真ん中におくことで見えてくるもの

「我が事・丸ごと地域共生社会」という政策の方向性が出され、新たな予算事業ができたから「包括的な」連絡会や協議会をつくろう、包括化を進める専門職を配置しよう、という取り組み方ではなく（この方法が悪いということではなく、何のために、誰のために包括的支援をするのかが明確に共有されないままでは、仕組みという箱だけつくることに陥りがちということです）、人を真ん中においた実践のなかで「我が事・丸ごと地域共生社会」

の姿勢がつくられているのです。

例えば、制度のはざまの課題である医療的ケアを必要とする重度障害児者の入浴支援モデル事業では、事業の形はできたものの、滋賀県内のどの地域でも介護や看護のサービス供給がニーズに追い付いていない状況がありました。そのようななかで制度外でスタッフを派遣してくれる事業所があるのだろうかと不安を抱えてのスタートでした。けれどもモデル事業の利用を希望する住民がいることがわかり、サービス提供の相談をしていくと、どの事業所も苦労しながら、まさにその人、その家族を真ん中においた制度横断のローカルな支援チームができてきたのです。それも高齢・障害、医療という分野を越えた支援チームです。さまざまな制度が整備されるなかで失ってしまったのではないかと福祉従事者自身が嘆いていた民間の柔軟性や即応性がしっかりと息づいていたのです。こうして「制度のはざま」に対して何かできるのではないかという検討が始まると、それまで気づきが表に出ていなかった相談支援員からも気づきがあがり、自分の担当する人に支援を届けるためにモデル事業の支援チームをつくりたいという声があちらこちらから小委員会や事務局に届き始めました。

無縁社会を打ち破る創造実践は続く！

現場で困りごとを抱えた人、生きづらさを抱えた人に向き合い、何かできるのではないかと思い、同志によびかけながら支援をつくり届けていく。このような小さな実践を一つずつ積み重ねて普遍化できる仕組みをつくっていく。「我が事・丸ごと地域共生社会」の福祉は現場でつくるものであり、その現場がこうした実践ができる人材を育てていくのです。簡単な実践ではないはずです。状況を正しく理解し、展開の方向性を思索し抜き、仕掛けるのが専門職集団であると教えられました。

任意団体としての「滋賀の縁創造実践センター」の活動は五年間という期間設定のなかで終期を迎えます。縁センターの実績の評価、そして今後の方向については、会員総会において決定していくことになりますが、共に実践してきた多くの「自覚者が責任者」の方たちと、これから先も、理念を共有し、つくってきた実践の形を継承発表させることが必要であるという思いは一つです。〝ネクスト縁〟をつくり育てていくのも私たち自身です。これからも、共に頑張りましょう。

《注》

（１）辻哲夫は元厚生労働事務次官。一九八〇（昭和五十五）年四月から三年間、滋賀県厚生部社会福祉課長として赴任。保健福祉医療の連携による圏域構想を土台にした滋賀県社会福祉計画、滋賀県社会福祉学会の創設など、滋賀の福祉行政の土台をつくる。現在、公益財団法人糸賀一雄記念財団理事長。東京大学高齢社会総合研究機構特任教授。

（２）川上雅司は元滋賀県職員、元滋賀短期大学教授。辻哲夫氏とともに滋賀県社会福祉計画、福祉圏域構想の推進に従事し、障害者の地域生活支援における先駆的実践とされる「滋賀県・甲賀地域障害者福祉計画」等、滋賀の福祉行政の土台づくりに尽力。

（３）池田太郎は一九四三（昭和十八）年、糸賀一雄の誘いで三津浜学園に勤務することになり、その後、近江学園、信楽寮、信楽青年寮で知的障害児者の職業指導・支援を展開。現在のグループホームにあたる民間下宿の創設者。一九七九（昭和五十四）年、「毎日社会福祉顕彰」「朝日社会福祉賞」を受賞。一九八七（昭和六十二）年七九歳で死去。

第4章

「越境する地域福祉実践」を広げるために

はじめに

第1章から第3章までは、縁センター設立の前夜から、実際の活動、そしてこれからのビジョンについてみてきました。序章では、越境という言葉に込めた意味と、地域福祉の「こだわり」について考えました。縁センターの実践は、まさにこの「越境する地域福祉実践」を地でいく取り組みであることを理解していただけたのではないかと思います。地域福祉のこだわりは、困っている人を真ん中において、課題に気づいた自覚者が実践をつくっていくことを大切にすることや、その人の暮らしや関係を大切にしたケアやかかわりをしていくこと、そして、問題が起きてからではなくて、予防的なかかわりや地域づくりを大切にしていくことでもあると述べました。本書で紹介した取り組みは、「こだわり」の力点に違いはあるものの、地域福祉実践であり、それが組織や分野、領域を横断して取り組まれてきたのです。

二〇一七（平成二十九）年五月には、地域包括ケアシステムの強化のための介護保険法等の一部を改正する法律が成立し、社会福祉法で包括的な支援体制を構築することが地方自治体の責務として規定されました。これは、まさに縁センターが実践してきたような「制度のはざま」を見過ごさない、放っておかない支援の仕組みを構築することを地方自治体に求めたものといえます。しかし、縁センターの実践からわかるのは、国が示した方向性を「丸ごと」受け止めるだけでは包括的な支援体制はできない、ということです。「何のために、誰のために」包括的な支援体制が必要なのか、そしてそれが本当に必要なら、まずそれに気づいた人たちがその困っている人を真ん中において一歩を踏み出さなければならない、ということが本書のメッセージです。

滋賀には滋賀の背景や力動、そして自覚者の思いがあったように、ほかの地域ではその地域の背景や力動、そして自覚者の思いがあるはずです。ですから、私たちはほかの地域でも同じやり方をすればよいと思ってはいません。しかし、越境する地域福祉実践を広げていくために必要な要素を縁センターの実践から見出していくことはできるはずです。

この章では、縁センターの取り組みから、関係者が互いの役割を越えて、越境する地域福祉実践に取り組んでいくための要素や条件を考えます。こうした要素や条件を自分たちの地域でどのように展開できるのか、読者の皆さんと共に考えていきたいと思います。

1 実践のプロセスと実践例からみる協働実践の条件

縁センターの協働実践には、「実践者の気づきから出発し、分野を横断した実践者同士が課題を共有し、それを解決するための取り組みを多様な関係者を巻き込んで実際にやってみる、さらに、それを普及するための取り組みを進める」というプロセスが共通しています。このプロセスをひもときながら、越境する地域福祉実践を生み出す要素を検討してみましょう。

解決すべき課題への「気づき」が第一歩

まず、当たり前のことですが、「解決すべき問題がそこにある」ということが協働実践の第一歩になっています。特に、縦割りの制度のなかでは解決できない問題を抱えた実践者たちが、その課題を明確にしていくことが必要になります（課題への気づき）。例えば、フリースペースの事例では、地域住民の声やスクールソーシャルワーカーや保育士といった専門職の話を聴くなかで、子どもたちが抱える現実の姿に小委員会のメンバーが「気づき」、それを解決すべき課題として明確化していきます。そのほかの事業でも、児童養護施設や障害者支援の専門職が解決できずに悔しい思いをしてきたのは、まさに「制度のはざま」と言える課題が出発点になっているからです。

課題を持ち込める「場」が必要

しかし、自分たちが仕事をしている制度の枠では解決できない課題に気づいたとしても、それが同じ思いをもった人とつながらなければ、協働実践は生まれません。こうした課題を知り、共有するためには、今ここにある課題を持ち込むことができる場が必要になります。例えば、子どもたちにかかわる実践者のなかでは、子どもを取り巻く厳しい状況は周知の事実だったとしても、その実態は他分野の実践者にとってリアルなものとして伝わってはいません。重度心身障害児者とその家族が抱える困難やひきこもりがちな人の支援、さまざまな就労の相談支援の枠からこぼれて落ちてしまう人の課題。これらは、同様に少数者の問題であることから、当事者やその関係者にとっては切実な課題であっても、他分野の実践者に共有されているとは言えません。そうした課題を他分野の実践者に「開く場」（理事会や企画会議）があり、そこで受け止められた問題は「事業の企画立案と実践のエンジン」である小委員会という場で協議され、共有されることでモデル実践に向けて動き出すことになります。つまり、実践者が、課題を開き、共有する場（協議する場）が必要になるのです。もちろん、「ハローわくわく仕事体験」のように、課題を地元の企業（県中小企業家同友会）に開くことで、課題を共有する社会をさらに広げている例もあります。

何とかしたいという心の動きが後押し

こうした気づきを共有することで一歩を踏み出すことを後押ししているのは、「困難を抱えている具体的な人の姿」を知ることによって生まれる関係者の「何とかしたい」「放っておけない」という「心が動く」体験のように思われます。縁センターの事業では、高齢者施設でのフリースペースや子ども食堂、重度心身障害者の入浴を実施するといった「越境」事例がたくさんあります。居場所づくり小委員会のリーダーである日比晴久さんの「私たちの仕事は高齢者福祉の分野だけど、高齢者福祉だけをやるんじゃないよ。私たちは社会福祉をやるんだよ」（一四九頁）という言葉に現れているとおり、困難を抱えた人の具体的な姿にふれることで、社会福祉の特定の「分野」の従事者ではなく、社会福祉の専門職でなければならないという「心の動き」を生んでいるのだと思います。課題の共有は重要ですが、協働実践が生まれるためには、その課題を「自分たちが共に解決すべき課題である」と実感でき「心が動く」契機が共通してあったのではないかと思います。「高齢者のための施設」を子どもたちの居場所にする、特別養護老人ホームの入浴施設を重度心身障害者が利用する、といった地域の社会資源を従来とは異なった発想で活用するアイデアが「制度や分野の枠」の発想から生まれてくることはありません。困っている人の問題を放っておけない、という多くの実践者がもっている本来の思いが出会う場が実践者の心を動かし、一歩を踏み出すことを後押ししてくれるものと言えるのではないでしょうか（心が動く体験）。

柔軟な民間財源を確保すること

新たな取り組みにかかる費用負担への支援も重要になります。制度を横断した取り組みであれば、それぞれの制度に基づいた支援は期待できないし、行政も縦割りであるため、支援はそれぞれの部局単位で考えられがちになります。それぞれの事業にかかわる社会福祉法人や関係者がこうした財源を負担し合うことも可能かもしれませんが、こうした取り組みが費用面で頓挫しないような支援の仕組みは重要だといえます。縁センターは、第2章で見たように、民間社会福祉事業者の拠出金と県の出資金という独自の「民間財源」をもっています。必要な事業やプロジェクトに柔軟に支援できるこのような仕組みは、制度を越えた協働の取り組みを後押しする際には重要な要素で、本来の民間財源の役割といえます（柔軟に活用できる民間財源）。

「地域福祉の事務局」が必要

縁センターの事例を通じて、こうしたプロセスを生み出す「媒介者」や「コーディネーター」の役割が重要なことがわかります。つまり、実践者が抱えている課題を知り、共有するための場をつくること、そして「何とかしたい」という思いをもった実践者とともに、それを一緒に解決していく活動へと組織化するように場を運営し、事業の運営に協力していくこと、さらには、必要な財源を支援できるという役割を果たす協働実践の媒介者の機能です。第2章では、「県社協ワーカー」「県域でのコミュニティワーク」という表現が使われています。都道府県社会福祉協議会は、これまでコミュニティワークを実践してきたでしょうか。たしかに、都道府県域でのさまざまな団体の協議体を運営することは、インターグループワークの実践ですが、ともすれば形骸化し、新たな実践を生み出す場として機能させることができていなかったのではないでしょうか。事例をみていくと、縁センターの事務局が協働実践を支える土台としての役割を果たしていることがわかります。一人ひとりがもっている社会福祉実践者としての本来の「思い」を集め、つなげ、新しい取り組みをつくり出していくことや、それを県内のほかの地域にも伝え、行政も巻き込んで普遍化させていていく実践は、まさにコミュニティワーク実践と言えるでしょう。実践者の「思い」だけでは協働実践は生まれず、実践者が実際の課題から学び、それを共有することから新しい実践を生み出すプロセスをコーディネートし、支援していく「地域福祉の事務局」の役割が必要なのです。

以上のように、縁センターの実践事例から見えてきた越境する地域福祉実践の条件は、

①　協働で解決すべき「課題」とそれへの「気づき」
②　そうした課題を持ち込み、共有できる「場」
③　実践者や組織の「心が動く」体験
④　新しい取り組みを支援できる「柔軟な民間財源」
⑤　こうした場をつくり、実践者の思いを引き出す土台となる「協働実践の媒介者という機能や組織」（地域福祉の事務局）

と整理できます。

縁センターはプラットフォーム

都道府県域だけでなく、この条件を皆さんの地域にも当てはめてみてください。自分たちだけで解決できない問題を抱え、もどかしい思いをしている実践者はどの地域にもいるはずです。専門分化した「分野」を越えて、「困っている人」を中心においた実践に一歩を踏み出そうとしたとき、その真摯な思いを開き、共有できる「場」があるでしょうか。それがなければ、課題をリアルに実感し、何とかしたいと一緒に一歩を踏み出す仲間とつながることができません。そして、課題と思いを実際の事業につなげていくためには、そうした場をコーディネートし、課題を多様な関係者に開き、協働実践の媒介者として事業を運営していくことのできる「地域福祉の事務局」が必要になります。こうした役割を果たすべき組織が、きちんとその役割を果たせているでしょうか。そして、関係者が新たな取り組みを進める際に、予算があるからやる、予算がついたらやるという「資金」ではなく、必要なことに取り組むための民間財源があるでしょうか。

縁センターは、こうした五つの条件を都道府県域レベルで、社会福祉関係者が協働してつくり出したプラットフォームなのです。

2 越境する地域福祉実践を根づかせ、地域づくりにつなげていくために

連携や協働が「標準化」「定型化」していないか

社会福祉に限らず対人援助の専門職の多くは、何らかの形で人にかかわりたい、困っている人がいるのなら、それを解決するために働きたいと思ってこの仕事に就いたはずです。しかし、専門分化が進むにつれて、それぞれの専門職の実践は標準化され、定型化されて互いの境目が明確になっていくと、人への関心もこの範囲内に限定されてしまうようになります。多くの人はそのことに苦しんでいるのではないでしょうか。もちろん、標準化や定型化が望ましくないと言っているのではありません。あらゆる課題を一人で解決できると考えるのは傲慢すぎると言えます。そこで、あらためて統合とか包括ということが言われるようになり、連携や協働が重視されるようになってきているのが現状です。しかしながら、こうした連携や協働も、標準化され、定型化されてしまったように思います。「加算がつく」ということを理由にして行われるケアカンファレンスでは、内容も「定型化」

されてしまうかもしれません。法律で定められた地域ケア会議や地域自立支援協議会、要保護児童対策地域協議会は課題を共有する場として機能しているでしょうか。

そこには、「解決すべき課題を自覚した実践者が、切実な思いをもって課題を持ち込んで、それによって心を動かされた周りの『自覚者』たちが動き出す。そして、それを支える人と財源がある」と本書でいう「越境する地域福祉実践」の条件はありません。では、こうした多様な関係者が気づきを共有し、越境する地域福祉実践をつくり出していくための場や実践を地域のなかにどうやってつくっていけばよいのでしょうか。縁センターは、滋賀という県域で、民間社会福祉関係者の発意から生まれた協働のプラットフォームですが、こうした場をほかの地域にも「普及」させていく際のポイントについて整理しておきます。

協議の場を活かす、つくる

まず、県域にしろ、より小さな地域にせよ、地域のなかにあるさまざまな協議の場を整理していくことが必要になります。実際、現場ではいろいろな「協議体」がつくられていて、地域の人や実践者は協議疲れさえしています。屋上屋にならないように、さまざまな地域のなかにすでにある場が、本当の意味で課題共有の場になるように整理したり、再編成したりしていくことも考慮すべきです。現在ある協議の場は、高齢・児童・障害と分かれてしまっており、複雑な課題を抱えた世帯の問題は、それぞれの会議で支援困難ケースとしてあがっているなどという笑えない話もあります。つまり、まずは福祉分野での越境が必要になるということです。さらに、福祉分野の越境だけでなく、分野を越えた課題共有の場も重要になります。例えば、生活困窮者の中間的就労の場づくりを考えようとする場合、共に考えるのは福祉関係者ばかりではありません。縁センターの事例でも、「ハローわくわく仕事体験」では、中小企業家同友会が課題を我が事にすることで「縁」が広がっていました。児童福祉の実践者は、これまで必死に子どもたちのために仕事をされてきたのでしょうが、その課題を「開く」余裕がなく、そうした機会をつくる媒介となれる人や機関もなかったのだろうと思います。

では、実際にはどのような機会が考えられるでしょうか。例えば、地域福祉計画は本来、福祉の各分野を横断した総合的な計画として構想されていたことを考えると、地域福祉計画の策定委員会やこれを見直す場などをこうした場として意図的に位置づけていくこともできるかもしれません。地域支援事業の生活支援体制整備事業では、関係者が地域づくりについて話し合う場として「協議体」を設置することを求めていますが、これを要支援者や高齢者のみの課題だけでなく、地域づくりに必要な人が集まって地域の課題を考えていく場にすることができるかもしれません。

このように、市町村の実情に応じて分野を横断した関係者が気づきを共有する場をつくり出していくことが協働実践を生みだすために必要であり、かつ、「越境」するためにはそのメンバーを多様にしたり、運営を工夫していくことが必要になるでしょう。また、こうした制度で位置づけられた場を活用するには、行政が担当部局だけで考えないことも重要になります。地域福祉計画の場合なら地域福祉計画の担当課、体制整備事業の場合なら介護保険の担当課だけで考えていると、検討できる範囲も実現できる範囲も限られてしまいます。行政内での省庁横断的な体制が「今ある機会」を活かすキーになると思われます。

もう一つは、「甲賀・湖南ひきこもり支援〈奏〉」のように、民間主導で協議の場をつくっていく道筋です。「奏」の運営会議は、保健所や生活困窮者支援の担当者、障害福祉担当課、健康推進課等の行政機関に加え、社協、民生委員がメンバーとなり協議を進めています。こうした場が地域福祉計画や障害福祉計画などの策定にあたっても、部会などとして機能していくようになれば、政策形成にも影響を与えられるようになるでしょう。まさにボトムアップの政策形成と言えるのではないかと思います。

民間財源を生み出す、活かす

縁センターの取り組みをみていると、あらためて民間財源が重要であることがわかってきました。分野を横断した課題であるからこそ、それぞれの「分野」の財源は活用できません。柔軟な取り組みを支援するためには、柔軟な発想で（縁センターの言葉でいえば、予算主義ではなく）活用できる民間財源の存在が必要なのです。縁センターは、「自覚者」として集まった皆さんが、この資金（志金）を出し合って基金をつくりました。社会福祉法人の地域公益活動の義務化といった流れから、こうした財源を社会福祉法人に期待できる地域もあるかもしれませんが、縁センターの基金の特徴は、より幅広い「民間」の力を結集したことです。他にも、すでに地域福祉推進のための募金として実施されている共同募金などを柔軟に活用していくことも検討していくべきでしょう。

協働実践のプロセスをコーディネートする

さらに、協議の場を形骸化させず、現場が抱える課題や困っている人の姿を共有し、新しい資源開発へと一歩を踏み出すことができるような場を、誰がどうやって運営していくのかを考える必要があります。実際に、さまざまな場をつくっても、それがうまく機能していない場合が多いことはすでに述べたとおりです。縁センターの場合、センターの専任職員が分野を横断した専門職や課題との出会いを媒介し、協働実践のプロセスを推進する事務局として役割を果たして（果たそうとして）いたことはすでにみてきました。実際、一人ひとりの実践現場で働く職員（縁センターでいえば、企画委員）がこうした役割のすべてを担うことは、それぞれの仕事で忙しい現場の職員にとっては困難でしょう。そこで、やはりこうした場をコーディネートする役割は、関係者の「協議会」である社会福祉協議会が「地域福祉の事務局」として担うことを期待したいと思います。滋賀県社会福祉協議会では、縁センターの事務局を運営するなかで、「地域福祉の事務局」として県域のコミュニティワークを自分たちは担えてきたのかと問い直してきました。都道府県社会福祉協議会の存在意義が問われるなかで、都道府県社協は何のために、誰のためにどのような協議の場をつくっていくべきなのか、今一度考える必要があるのではないかと思います。

また、市町村の単位では、市町村社会福祉協議会がこうした役割を果たしていく必要があります。そのためには、序章でもふれたように、地域福祉の主体と内容の拡大を図る必要があるでしょう。繰り返しになりますが、「解決すべき課題を自覚した実践者」同士の思いと思いが出会える場をつくれているのか考えてみてほしいのです。組織内の連携がうまく取れないなどという話をよく聞きますが、よほど大きな組織になっている市町村社会福祉協議会は別として、そのような組織内の問題も解決できないで、協議会としての役割（地域福祉の事務局）が果たせるのか、というのが私の正直な感想です。

もちろん、社会福祉協議会だけでなく（もしくは社会福祉協議会ができないなら）、民間のさまざまな有志がこうしたプラットフォームをつくっていくしかありません。それぞれの地域の実情に応じて、協働実践の母体となる組織やコーディネーターをどのようにつくり出していくか、また、そうした組織や人が、実践者同士の出会いの場や互いの実践から学びあう循環のプロセスをどのようにつくり出していくかを考えていく必要があります。

以上のように、それぞれの分野を横断した「協議の場」とそれを運営する「組織（とワーカー）」、そして新しい取り組みを支える「（民間）財源」は、「協働の土台」と言えるのではないかと思います。

協働実践はかけ声だけでは進みません。「どうすれば協働できますか」とよく聞かれますが、互いの切実な課題を知らずに、またそれを知る機会もないのに協働実践が進むはずはありません。それを知らないまま協働しても、形だけのものになってしまうでしょう。思いと思い、志と志が出会い、課題解決のための小さな一歩をコーディネートし、必要ならその財源をつくる、そうした「協働の土台」が必要なのだと思います。

序章で社会福祉従事者の「非福祉現業化」が制度のはざまを生み出す要因として指摘されていることを紹介しました。逆にいえば、多くの実践者は、問題に気づいたり、何とかしたいという思いを抱えていても、一歩を踏み出して実践するための条件を欠いている、もしくはそういう思いを描けなくなってしまっているのではないでしょうか。一人ひとりの実践者や組織の問題としてではなく、社会福祉にかかわる、さらに言えば、地域づくりにかかわるすべての人が、「困っている人」を真ん中においた実践をしていくために、それぞれの地域に合った「協働の土台」づくりを進めていくことが必要です。もちろん、それは国や地方自治体がつくってくれるのを待つのではなく、気づいた人が動き出すことによって本当に必要な土台になるのだと思います。

終章 越境する地域福祉実践と社協

はじめに

困難を抱えている人、生きづらさを抱えている人を真ん中においた福祉実践をしていこう、気づいた一人ひとりが責任者として、志を同じくする仲間によびかけ、寄り添い合って実践していこう。これが縁センターがめざしてきた福祉実践のスタイルです。そしてここから生まれてきたものは「必要」を真ん中においてさまざまな壁や垣根を越境する地域福祉の実践そのものでした。

終章では、現場の課題に向き合い、寄り添う福祉従事者が「自覚者が責任者」との思いで立ち上がるなか、私たち社協職員が地域にいることの意味はどこにあるのだろうかという問いを立て、筆者なりの答えを見つけたいと思います。

1　社協、そして社協職員に問われたこと

縁センター設立前夜のところで述べましたが、滋賀の福祉関係者のほぼ全員が、困っている人を真ん中においた福祉実践をするために県内の福祉関係者が一つにまとまる組織の

運営やその事業推進について「それは県社協の本来の仕事ではないか」と感じていたはずです。それは市町村というエリアで考えたときも同様で「それは市町村社協の仕事ではないのか」ということです。

しかし縁センターでは、それを社協の事業にせず、会員が主体となる独立した組織として活動することになりました。県社協は会員であり、同時に事務局という役割です。主体者としての実践が求められると同時に、人びとが暮らす地域を土台に県域の福祉関係者が協働の実践をつくっていく事務局を担うということで、いわゆる「団体の事務局」ではありません。まさに地域福祉の事務局としての県社協の出番だったのです。

市町社協の出番は、小委員会が制度外サービスとしてつくり出したモデル事業を実際の現場で動かしていくときになくてはならない存在として現れてきました。例えば、社会福祉施設を活用した支援を必要とする子どもの夜の居場所「フリースペース」を実際に動かしていくためには、この居場所の意味や意義、そして安全性、さらには将来の事業の方向性という重要なことを関係する行政機関や学校などと共有し、理解し、協力体制をつくるということも大事な仕事があります。誰と共有する必要があるのかという判断や調整も社協の役割であり出番です。民と官をつないでいく、民と民をつないでいく地域福祉の事務局としての役割がここに明確にあります。

事業計画にのっている事業ではありません。担当がいるわけでもありません。「ニーズがあるのなら地域の子どもたちのためにフリースペースを実施してもよいですよ」という声が施設から届いたとき、その地域の社協が動いてくれるかどうか、県社協も市町社協もその役割発揮が期待されると同時に姿勢が問われることになります。

2 私たちは本当に福祉の仕事をしているのかという問い直し

十年近く前のことです。学区社協の役員と話していたときに、法外援護の話題になりました。「わしらは社協やから、自治会に入ってない人や自治会費を払ってない人は助けられません、ではあかんやろ。ほんまに困ってはって、これから先どうしたらいいやろうという人に、何とか落ち着いて、生きてもらうためにお金を貸すのや。おそらく返って来んやろなと思っているけど、だいぶたってから心のこもったお礼の手紙が届き、お金が同封されていたこともあった。大事なところで役に立ってよかったなあとつくづく思ったで。

福祉ってこういうもんやろ」と役員は語りました。

また、市町社協のベテラン相談員は新人社協ワーカーにこんな話をしてくれました。「社協に生活に困った人が相談に来られるやろ。そのときに貸付資金の制度に該当するかどうかだけの項目だけ尋ねて、それで貸し付けできます、貸し付けできません、の答えを出すだけで終わるんやったら、わざわざ公費から給料もらって仕事している社協職員が対応することはいらんのと違うか。そんなんはコンピューターでできるのと違うか」と。

この話を聞いた後、私たち滋賀の社協職員は、生活福祉資金の相談に来られた人の暮らしづらさ、生きづらさをどれだけ受け止めているだろうか、介護保険による在宅サービスを提供するなかで、利用している住民の家庭のなかにある制度につながっていない問題をどれだけ受け止めているだろうか。また、学童保育の現場で気づいていること、ファミリーサポート事業のなかで気づいていることもそうです。また、ふれあいサロンやコミュニティカフェ、子育て支援活動、見守り、生活支援サポート活動のなかで生活困窮や孤立、ひきこもり、虐待の懸念という状況にある人に気づいてきただろうか、地域の活動者の気づきを拾い上げてきただろうか、と考えました。

前述の学区社協の役員の話のように、福祉というのは一人ひとりのことを大事にすることだと地域の人たちはよくよくわかっています。社協職員もわかっています。しかし、実際の仕事のなかで、私たちは専門職として一人ひとりを本当に大事にする実践をしているでしょうか。例えばSOSを出せない人のこと、社協に入ってこないSOSを気にかけているでしょうか。地域の支援者だけでは何ともできないけれど、放っておけないという相談が入ってくるでしょうか。社協の各種事業の担当職員から、社協が実施するサービスの支援対象ではないけれど放っておけないという相談があがってくるでしょうか。そうして入ってきた相談をどのように受け止めているでしょうか。

そのいくつかは、もしかすると大半は、社協職員が福祉のプロとしてもっている力を総動員しないと対応できない課題かもしれません。自分の担当地域には社会的孤立はない、貧困世帯もいない、住民懇談会でも課題としてあがってこない、みんなで見守りもできているから大丈夫だという根拠のない安心のなかで、事業計画にあがっている講座や会議、行事をすることが私の仕事で、相談は相談担当者の仕事となってしまってはいないでしょうか。社協職員自身が現場で「放っておけない」と気づき、そこから行動を起こす。何かをつくり出し実践するという経験がずいぶん少なくなってしまっているのではないだろうかと、あらためて感じています。住民の活動者に任せきりの地域福祉、同じ地域で仕事をする福祉従事者と気づきを共有しない協議会事務局職員に陥っていないか、これは自分自身の仕事スタイルの問い直しでもあります。

3　善意を受け止め、必要としている人に支援を届ける小さなシステム

困っている人を救うために滋賀の社協が地力を発揮した忘れられない取り組みがあります。二〇〇八（平成二十）年のリーマンショックの影響によって困窮に陥った人びとへの支援の取り組みです。支援を必要としていたのは地域とのつながりが弱い外国籍住民や、社宅、賃貸アパートで暮らす人びとでした。リーマンショックの後、企業の業績悪化の影響で滋賀県内でも多くの外国籍の労働者や不安定雇用の労働者が職を失い、あわせて住まいまでを追われてしまいました。仕事と住まいを一度に失った人びとが生活福祉資金の相談窓口に列をなしていました。そのなかには制度の対象から外れる人も多く、また、日本語が話せないためにさまざまな支援制度にもうまくつながらない人もいました。

この状況に対して県内のいくつかの市町社協がいち早く独自の支援策を企画し、取り組みが始まりました。それは善意銀行や住民からの寄付を活用して緊急用の食料等を提供する取り組みでした。提供回数をどうするか、世帯の困窮状態をどう判断するかなど、市町社協の職員が同じ住民としての気持ちと福祉のプロとしての技術でその方法を決めていったのです。

このときちょうど滋賀県社協では外国籍住民の生活課題や地域とのつながりについての調査活動をしており、そのさなかにリーマンショックによる緊急事態が起きたのです。私たちの調査活動に協力していただいていた民間の支援団体から、外国籍住民支援の県域ネットワークをつくり、食料支援を全県域で実施したいとの相談がありました。県下を網羅して地域の人たちとともに動けるのは社協だけです。県内の各社協が地域によびかけて食料品を集め、それをネットワークを通じて必要とする世帯へ届けるという活動を組み立てて、実施しようと考えました。しかし、「ここは社協の出番や。みんなでやろう！」という意見ばかりではなかったのです。なかには、「行政より行政的」と揶揄されるような意見もありました。それでも私たちは動き出しました。私たち県社協の背中をぐいっと押してくれたのは、ある市社協の課長の実践の姿でした。その課長の「社協やからこそできることであり、するかしないかは誰かに決めてもらうことではない。支援したいと申し出てくださる住民の皆さんの声に応えるためにも、善意を支援を必要としている人に届ける仕組みをつくるのが私たちの仕事や」という確信と行動が、さまざまな団体と協力態勢をつくりながら支援を始めることにつながり、各地で支援の輪が広がっていきました。

現場の職員たちのいきいきした実践によって、この取り組みはあっという間に県内のすべての社協がネットワークを組んで取り組む活動になりました。県社協はネットワークの事務局となり、若い職員が県域のコミュニティワーカーとして本当に頼もしく、同時に楽しく活動をしました。このとき社協に対してどれだけ多くの感謝と称賛が届いたことでしょう。社協は県全体で一つの大きな運動がつくれる組織、それも押し付けではなく協力をよびかけ、湧き水のように善意が広がる動きをつくっていける組織なのです。そして何より大切にしたいことは、見知らぬ人ではあるけれど滋賀で暮らす困っている人に善意を届けようとしてくれる多くの県民の姿があったことです。縁センターが取り組んできたことと原点は同じです。私たち滋賀の社協にはこうした経験があったのです。

4 オール滋賀社協として取り組んできたこと、そして県社協

滋賀県内には一九の市町社協と県社協、あわせて二〇の社協があります。私たちは二〇〇七（平成十九）年度から滋賀県市町社会福祉協議会会長会と県社協が共同で社協の基盤強化、社協再生に取り組んできました。「オール滋賀社協」の取り組みです。このままでは必要ないと言われる社協が出てくるという危機意識のもとに、社協の危機とは何か、何をどう改善していくのか、を隠さず恐れずにテーブルの上に出し合い、各社協の中間マネジャーが中心となって学びあい、持ち帰って社協再生につながるマネジメントの実践に取り組んできました。

このオール滋賀社協の取り組みは、県社協の役割、固有の仕事とは何かを見直し、改善する動機となりました。生活困窮者自立支援制度の創設に向けて国が動き出したころ、全国社会福祉協議会も「社協・生活支援活動強化方針」を出しました。二〇一二（平成二十四）年十月です。このとき筆者は、自分たちの地元の実態を把握しないままこの強化方針に沿った取り組みを進めることはできないし、自分たちが地域のニーズ、住民のニー

ズに気づかない限り、つまり自覚しない限り実践者にはなれないと感じていました。
また、「市町村社協に対して方針を出すのが都道府県社協の役割だ」と言われることがよくありましたが、正直に言うとこれには違和感がありました。こんなでいいのかしら、という思いでした。「方針を出す」、これはかなり難しいことです。まず、県社協の職員が生きづらさを抱えている人びとに直接かかわることは少なく、生活福祉資金の担当職員であってもその世帯の日々の暮らしぶりに直接ふれることはほとんどありません。とりわけこの十数年の間、県社協は制度や施策に基づく事業以外の実践経験、あえていうと「制度のはざま」にあるニーズに対応して福祉関係者とともに支援をつくり出す実践の経験がほとんどなかったように感じます。

県社協職員が陥りがちなワナは、県民の方がたが抱えている生きづらさ、福祉課題に対して、自分自身にどのような気づきがあるのかないのかを意識することなく、誰のために、何のためにコミュニティワークをしているのかを振り返ることもなく、「市町村社協支援が県社協の役割です」と、紋切り型のフレーズを平然と使い、研修会やフォーラム、会議、事例集づくりなどをすることで、すっかり県域のコミュニティワークをしていると思い込んでしまう、という仕事のスタイルではなかったのでしょうか。

自分たちのしている仕事が本当に社協という役割を果たしているのかどうか、オール滋賀社協の会議のたびに考える日々でした。そんななかでオール滋賀社協のメンバーは、常に「県社協も社協や！ 県社協には県社協としてのコミュニティワークがあるで」と厳しく温かく励ましてくれていました。

あれから五年。「我が事・丸ごと地域共生社会づくり」をテーマに国の政策が再び動き出しました。これをまた「丸ごと」受け身の姿勢で受け取り、自分たちの地域の人びと（福祉の専門職も住民も）と真っ向で向き合うこともせずに、推進事業や研修会などを組み立ててよいのだろうかとあらためて考えます。本当に私たちは現場にいるのです。自分の頭で考え、身体で感じ取るなかで気づき、そして自らが責任者として動き出せる環境にあるのです。

5　志を同じくする仲間と共に人を真ん中においた小さなシステムをつくろう

越境することは私たち社協にとっては当たり前のことであったはずなのに、それがとても負担感のあることと思われているように感じます。なぜかと考えてみました。

いつの間にかネットワークをつくることやシステムをつくることが目的化してしまい、多職種や多分野の専門職なりが集まるネットワークや組織ができると、そこで完成したと思い込んでいないかと内省してみる必要がありそうです。このことは第４章でも指摘されていました。

そのネットワークや組織が、本当に救わないといけない人のために制度を越えて機能し、実践をつくり出してこそ目的が達成されているということになり、そこに仕事の醍醐味があるのですが、ともすると県社協職員は実践をつくり出すことは市町村なり圏域の責任だと考え（そのつもりは全くなくても）、最悪の場合は評論家になってしまっているのではないかとあえて自らに問いかけたいと思います。「社協は協議会」と言いながら、協議会の形は意識するものの、越境する福祉実践の現場にかかわっていないのではないかということをあらためて考えました。

市町社協は現場そのものです。しかし市町社協のなかにも越境すること、ほかの社会福祉法人とともに必要な実践をつくっていくことに対する違和感や他人事感をもつ社協職員がいるのではないかと感じます。そこには、社協の実践は地域とともにあり、地域イコール住民という認識があるのだろうと思います。社協職員が働きかけたり、支援したり、協働する主体は住民だけであるという認識です。地域のなかで住民の暮らしを支えたり、住民とともに活動したりする福祉のプロの姿を見ていながら、そこにはかかわらない、地域福祉イコール小地域福祉活動という狭い捉え方です。そこから一歩踏み出してみる！住民の暮らしの場で共に活動する福祉のプロとつながり、プロの働きが本当に地域の福祉をつくるものとなるように連絡調整する仕事は、きっと社協職員を変えてくれます。

社会福祉法の改正によって社会福祉法人は地域貢献活動をこれまで以上に期待されています。この法定化という動きを生かしながら、私たちは何のために、誰のために福祉の仕事をしているのか、今、民間福祉のプロが地域で取り組むことは何か、というぶれない軸をもって、同じ方向で実践しようという人たちとつながっていきたいと思います。

そのためには新鮮な気持ちと真剣な気持ちで、本当に救わなければならない人への支援について同じ気づきをもっている福祉のプロと語り合い、それぞれが専門性を発揮するなかで一つの事業をつくり出し、実践してみることしかありません。県社協職員は、県域のコミュニティワーカーとしての大事な役割がいっぱいあります。気づきから生まれた取り組みが本当に必要なものであるならば普遍化に向けて動くこともしていかねばなりません。それはまさにソーシャルアクションです。

縁センターから生まれ大きく育った「遊べる・学べる淡海子ども食堂」等の活動は、今後、県社協が責任をもって推進することになり、子どもを真ん中においた地域づくりを推進する「子どもの笑顔はぐくみプロジェクト」が二〇一七（平成二十九）年八月から動き出しました。また、社会的養護の子どもや若者の自立支援については、児童養護施設等で育つ子どもたちの社会への架け橋づくりとして、制度にはなじまない社会との関係づくりや休息の場づくりに継続的に取り組むため、「架け橋づくりセンター」（仮称）を県社協に設置しようという構想も出てきています。こうして、縁センターが掲げた理念と、そこから生まれた実践を県社協が現場の人たちとともに責任をもって進めていくという役割がはっきりとしてきました。

〈資料〉「子どもの笑顔はぐくみプロジェクト」スタートにあたって 県社協会長メッセージ

「子どもを真ん中においた地域づくり」をすすめる ―滋賀県社会福祉協議会の新たなChallenge―

滋賀県社会福祉協議会　会長　渡邊　光春

滋賀県における子ども食堂は、「滋賀の縁（えにし）創造実践センター」（以下、「縁センター」）のモデル事業として大きく育ってきました。

今や、滋賀県下に七〇か所を超える子ども食堂が運営されております。社会福祉法人や自治会など、さまざまな主体によって運営され、そこにさまざまな人たちが関わっています。

縁センターは、制度の狭間にある問題について、滋賀県でしっかりと取り組み、定着化、普遍化させていこうと、五年間を期限として発足し、あと二年となりました。

その取り組みの一つである「遊べる学べる淡海子ども食堂」の実践から見えてきたものが三つあります。それは「三つのC」です。

一つ目は、地域のなかで、地域の人たちや子どもたちのCommunication（コミュニケーション）が、非常に活発になってきたところが多いということです。

　二つ目はそういうなかで、潤いのあるコミュニケーションがあるCommunity（コミュニティ）ができてきました。

　そして、三つ目は、こうした営みが人口減少社会、少子高齢社会における地域社会像を提示しているのではないかということです。地域社会へのChallenge（チャレンジ）のCと言えるのではないでしょうか。

　この三つのCに確信を得て、滋賀県社会福祉協議会として、モデル事業を一般化し、滋賀県で定着させるために、新たなプロジェクトを起こすべきであると決断しました。

　この滋賀県社会福祉協議会の新たなChallengeが、「子どもの笑顔はぐくみプロジェクト」です。

　このプロジェクトは、滋賀県で暮らす人や活動する企業・事業所の子どもたちへの温かいまなざしと、子どもたちの可能性を育もうという知恵を結集しようとするものであり、子ども食堂の実践からみえてきた、「子どもを真ん中においた地域づくり」をさらに進めるための「応援団」をつくるプロジェクトです。

　まずは、滋賀県にある約三千の事業所のうち、すでに「淡海子育て応援団」に登録している約一千五〇〇事業所の倍増を目指します。

　そして、滋賀県のさまざまな立場、世代の方々三万人に、このプロジェクトに関わっていただき、三億円の基金を造成し、県内の小学校区に最低一か所、合計で約三〇〇か所の子ども食堂をつくっていきたいと考えています。

　その先に見えるのは、まさしく「潤いのあるコミュニティ」です。

こうした趣旨にご賛同いただいたさまざまな立場でご活躍いただいている方々に、このプロジェクトの呼び掛け人になっていただいております。

滋賀県社会福祉協議会は、「誰もが〝おめでとう〟と祝福され〝ありがとう〟と看取られる地域づくり」を目指して事業に取り組んでまいりました。

このプロジェクトは、縁センターの目指す地域づくりを担う「人づくり」です。志をもった人づくりの実践です。

それは「潤いのあるコミュニティ」の創造であり、そのコミュニティを次世代に継承していくことが、まさしく滋賀県社会福祉協議会の社会的使命であり、存在意義であります。

その決意のもとに、役職員一丸となってこのプロジェクトにChallengeして参ります。

（『福祉しが』第二八七号／二〇一七年十月号掲載）

二〇一六（平成二十八）年三月に策定し、二〇一七年十一月に改定した「第一次滋賀県社会福祉協議会経営計画」には、縁センターの志と実践のなかから見出しつつある〝未来につなぐ滋賀の福祉の姿〟が明確に描かれ、それに向かって私たちは何をするのかが落とし込まれています。

これは、縁センターの設置年限である二〇一八（平成三十）年度を目標年度とする滋賀県社協の「覚悟の計画」です。県社協はこれに基づき、「今、ここにある課題」に対して実践を通して挑戦する組織へ変革を続けていきます。

〈参考〉滋賀県社会福祉協議会 経営計画(二〇一七年十一月改定)抜粋

事業戦略

【滋賀県社会福祉協議会が目指す「福祉しが」の姿】

―〝おめでとう〟から〝ありがとう〟まで一人ひとり誰もが大事にされる幸福享受社会の実現―

1の柱　新たな事業スタイルの創出～滋賀の縁創造実践センターとの協働

①　滋賀の縁創造実践センターのリーディングプロジェクトとの協働

②　縁・支え合いの県民運動の推進

③　課題解決のためのネットワークづくり

④　実践を通した多様な人材の発掘と門戸を開いた参加しやすい事業の開発

2の柱　二〇二五年を見据えた介護・福祉人材確保・育成の推進

①　介護・福祉人材センターの機能強化

②　未就業者の獲得を目指した取組

③　再就業希望者への就業支援に関する取組

④　就業者の介護・福祉業界への定着支援の取組

3の柱　Ｉｔｏｇａ・ｉｓｍ実践の思想を学ぶ生涯福祉学習の推進
①市町社協と共同で進める福祉学習への取組
②滋賀県社協が先導する福祉学習の取組

4の柱「子どもの笑顔はぐくみプロジェクト」の推進
①「遊べる・学べる淡海子ども食堂」の推進
②「はぐくみ基金」の造成
③〝子どもの笑顔〟のスポンサーの活動推進

こうして、実践の積み重ねのなかからローカルで豊かな広がりをもつ新たな仕組み・システムが生まれてきています。困っている人を真ん中においた、実践のなかでつくり直しのできる身の丈に合ったシステムです。

今、現場の課題から生まれた身近で小さな手づくりの活動を通して、地域に協働の風土が育ち始めているように感じます。他分野の協力者と組むことでそれを本業とする人たちの力が少しずつ湧いてくる。するとできることが見えてくる。「何かできるんじゃないか」という希望が見えてくるように思います。

社協は協議体であり、運動体であり、事業体であるという言葉が、標語ではなく実態となるよう自覚者が責任者・実践者でありたいと思っている福祉のプロとともに、市町村域という身近なエリアと県域という広域エリアをつなげた活動をしていきましょう。

現場では、障害児者支援、介護保険、保育など、さまざまな福祉サービスに携わっている支援者の多くがＳＯＳを出せずにいる人びとがいるということ、ＳＯＳを出しても届いていない人びとのこと、届いても解決できない問題があることを実感しています。そのなかで、何ともしがたいと忸怩《じくじ》たる思いを抱えて仕事をしている人も少なくないでしょう。縁センターにも、現場で実践する福祉のプロや住民活動者から、活動のなかで出会った人びとの姿やうれしいエピソード、その一方で、救うことができなかったという辛いエピソードが届いてきます。

もちろん課題は山積しています。

検討することは大切ですが、協議や検討ばかりしていても実践しなければ仲間も増えていかないことは過去の経験で承知しています。ここに県社協職員のコミュニティワークの現場があるのです。

越境する地域福祉実践の現場にいる私たち社協ワーカー。地域福祉って何だ？と、時には背筋を伸ばして協働する仲間と気づきを出し合ったり、支援の方法について思う存分話し合ったり、支援につながった人のうれしい顔に出会ったり、それは掛け替えのない楽しい仕事です。それでも、さまざまな困難を地域のなかですべて解決できるわけではありません し、支援、支援と連呼しても、助けられてばかりの立場にいるのは誰でもうれしいことではありません。

社協ワーカーとして地域に私たちがいることの意味は何か、と思いをめぐらせながら、困難や生きづらさを抱える人びとと共に、また、志を同じくする人びとと共に、自分たちでつくり変えることのできる小さな実践のシステムをつくり出していきましょう。遠いところでつくられた大きなシステムに合わせて自分たちのめざす方向を決めるのではなく。そして、失敗を恐れずにのびのびと！

《資料》

1　平成二十八年度 滋賀の縁創造実践センター 収支決算

平成28年度 滋賀の縁創造実践センター　収支決算

単位:円

項　目		収 入	支 出
基金から繰入れ		49,000,000	
県補助金		10,500,000	
雑収入		1,239,000	
運営費			7,129,171
	嘱託職員人件費		3,475,467
	職員派遣補助金		3,000,000
	役員会開催費		193,996
	総会等開催費		459,708
事業費			44,985,711
	淡海子ども食堂推進費		14,140,976
	“縁”認証事業費		62,574
	課題別事業実施費（居場所づくり）		6,237,589
	課題別事業実施費（要養護児童自立支援）		911,398
	課題別事業実施費（ひきこもり等の支援）		7,619,520
	課題別事業実施費（働く場づくり）		391,511
	課題別事業実施費（制度横だし）		2,504,848
	ひとり親家庭調査研究事業費		1,695,044
	課題解決のためのネットワークづくり事業費		1,717,842
	縁結び・つながりづくり事業費		644,415
	「えにしの日」事業費		163,537
	縁県民運動推進協議会事業費		808,423
	広報啓発費		4,403,083
	企画会議開催費		364,720
	職員旅費		837,200
	事務費（共通経費）		2,483,031
合計		60,739,000	52,114,882

※その他、県社協受託事業として下記の事業を実施。
・児童養護施設等で暮らす子どもたちへの社会への架け橋づくり事業　4,571,000円
（要養護児童の自立支援小委員会、ハローわくわく仕事体験関係）
・子どもの居場所づくりコーディネート事業　4,620,000円
（子ども食堂関係事業、居場所づくり小委員会 フリースペース〔教育と福祉の連携〕事業関係）

2　滋賀の縁創造実践センター発行物（一部を紹介）

①「えにし通信」（A四判・一二頁・年三、四回発行／縁センターの基本情報誌）

②「滋賀の縁ニュースレター」（A四判・一～四頁・随時発行／モデル事業やイベントの最新情報を告知）

③「えにし白書」（A四判・四八頁・年一回発行／年度版の実践報告書）

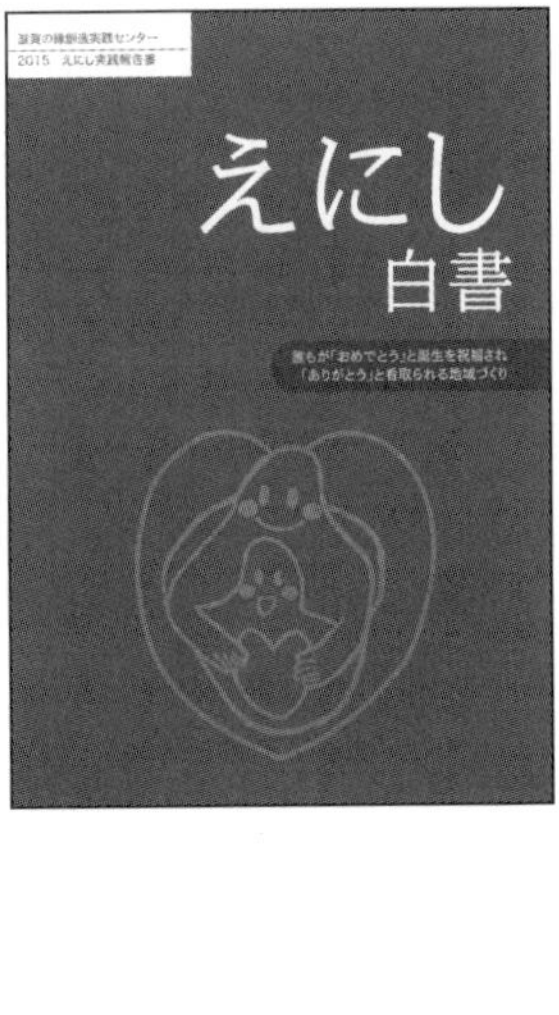

（二〇一六年版は七一頁に掲載）

④「遊べる・学べる淡海子ども食堂」関係資料

●「子ども食堂だより」（A四判・四頁・随時発行／子ども食堂の最新情報を掲載）

● 『遊べる・学べる淡海子ども食堂をはじめてみよう！』（B五判・二〇頁／子ども食堂開設の手引き書）

● 『「この子らを世の光に」と「子ども食堂」』（A四判・四八頁／「この子らを世の光に―子ども食堂全国交流会inしが」（二〇一七年二月十日開催）のセッションの一部を収録したブックレット）

⑤「ハローわくわく仕事体験」関係資料

◍「一人ひとりが宝もの　社会へはばたく子どもたちの自立応援ハンドブック」（B五判・三〇頁／社会的養護の子どもたちの状況と支援の広がりを紹介）

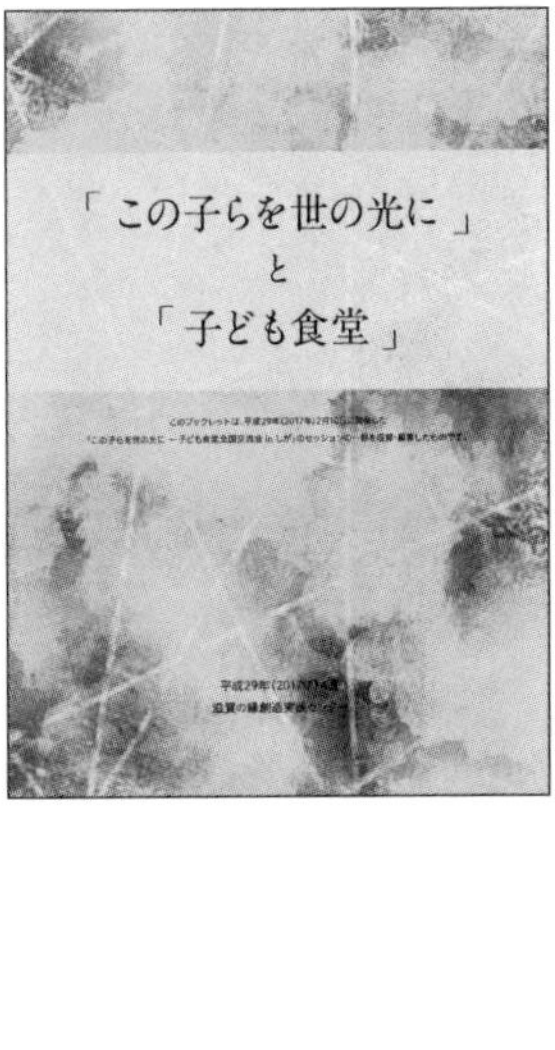

⑥『今こそ、この子らを世の光に』（A四判・二八頁／「津久井やまゆり園」事件を受けて県内障害福祉サービス事業所管理者に対して行った緊急アンケートの結果をまとめたブックレット。）

（これらの情報誌・資料は滋賀の縁創造実践センターホームページからダウンロードできます。→ http://www.shiga-enishi.jp/）

谷口 郁美（たにぐち いくみ）　第1章・第2章・第3章・終章

社会福祉法人 滋賀県社会福祉協議会事務局次長／滋賀の縁創造実践センター所長

滋賀県生まれ

（略　歴）

1986年　滋賀県内の公立中学校教諭（社会科）

1992年　財団法人滋賀県レイカディア振興財団入職 調査研究、琵琶湖長寿科学シンポジウム等を担当

2003年　組織統合により、滋賀県社会福祉協議会入職

2014年　滋賀県社会福祉協議会 滋賀の縁創造実践センター所長

2015年　同事業部門長／滋賀の縁創造実践センター所長

2016年　同事務局次長／滋賀の縁創造実践センター所長

（著　書）

滋賀県社会福祉協議会編著『みんなちがってみな同じ』（共著）サンライズ出版、2004年

（受　賞）

滋賀県社会福祉協議会・滋賀の縁創造実践センターとして、2016年度日本地域福祉学会地域福祉優秀実践賞

永田 祐（ながた ゆう）　序章・第4章

同志社大学 社会学部社会福祉学科 准教授

神奈川県生まれ

（略　歴）

1998年　慶應義塾大学大学院政策・メディア研究科政策・メディア専攻修士課程修了

2001年　上智大学大学院文学研究科社会学専攻博士後期課程満期退学

2001年　立教大学コミュニティ福祉学部助手

2003年　愛知淑徳大学医療福祉学部専任講師

2008年　同志社大学社会学部専任講師

2011年　同志社大学社会学部准教授

（資格等）

社会福祉士

（著　書）

『ローカルガバナンスと参加 イギリスにおける市民主体の地域再生』中央法規出版、2011年。『住民と創る地域包括ケアシステム 名張式自治とケアをつなぐ総合相談の展開』ミネルヴァ書房、2013年。

（受　賞）

2012年度日本NPO学会優秀賞（『ローカルガバナンスと参加』）

越境する地域福祉実践
—滋賀の縁創造実践センターの挑戦—

発　行　2018年1月25日　初版第1刷発行
著　者　**谷口 郁美**
　　　　永田　祐
発行者　**渋谷 篤男**
発行所　**社会福祉法人 全国社会福祉協議会**
　　　　〒100-8980　東京都千代田区霞が関 3-3-2 新霞が関ビル
　　　　電話 03-3581-9511
　　　　振替 00160-5-38440
定　価　本体 1,200円（税別）
印刷所　**株式会社丸井工文社**

ISBN978-4-7935-1245-2　C2036 ¥1200E